教练式沟通

直达人心的管理口才技巧

黄路建◎著

中国纺织出版社有限公司 | 国家一级出版社
全国百佳图书出版单位

内 容 提 要

这是一本让管理者学会沟通、表达的实用书。本书教会管理者如何说话、如何说好话，进而促进与员工之间的有效沟通，不断提升员工的工作能力。书中提供了6种教练能力模型，以及打破沟通僵局、败局的教练方法，同时提炼出各种有效的管理沟通技巧，帮助管理者实现与员工的积极对话，成为沟通管理的高手。

图书在版编目（CIP）数据

教练式沟通：直达人心的管理口才技巧 / 黄路建著.
—北京：中国纺织出版社有限公司，2019.12
ISBN 978－7－5180－6891－3

Ⅰ.①教… Ⅱ.①黄… Ⅲ.①管理学—口才学 Ⅳ.①C93-05

中国版本图书馆CIP数据核字（2019）第236806号

策划编辑：陈 芳　　责任校对：高 涵　　责任印制：储志伟

中国纺织出版社有限公司出版发行
地址：北京市朝阳区百子湾东里A407号楼　邮政编码：100124
销售电话：010—67004422　传真：010—87155801
http://www.c-textilep.com
中国纺织出版社天猫旗舰店
官方微博 http://weibo.com/2119887771
天津千鹤文化传播有限公司印刷　各地新华书店经销
2019年12月第1版第1次印刷
开本：710×1000　1/16　印张：12
字数：137千字　定价：42.00元

前言

南非前总统尼尔森·曼德拉说：“当你和一个人交流时，如果你用了他熟悉的语言，那么他就会记住你；如果你用了专属于他自己的方式，那么他就会把你记在心里。”也就是说，如果你在和别人交流的时候，能够按照对方熟悉的语言模式，那么你的话语很容易直达他的内心，产生效果。

但在一般的团队管理中，管理者往往容易忽视沟通的力量，这个问题主要体现在两个方面。一方面，因为管理者深受口才困扰，不能精准地表达出内心的想法激励员工；另一方面，管理者认为花时间与员工沟通，是一种浪费时间和精力的行为。为了更好地解决这一问题，教练式沟通应运而生。管理者可以通过教练技术提高表达能力帮助自己有效管理团队。在教练式沟通中，管理者十分信任“好口才就是领导力”，管理者相信通过沟通，能积极地帮助员工提高工作积极性，挖掘员工潜能，使其实现自我成长。

从结构来看，本书可以划分为三个部分。这三个部分既独立存在，又具有千丝万缕的联系，相互影响，相互依存，共同发挥作用。

第一部分：教练式管理者能力模型，帮助自己提升沟通能力。

要想成为一名成功的教练式管理者，就要从尊重、聆听、提问、区分、回应、语言六大方面下功夫，提升自己的教练型领导力。管理者可以通过有效的沟通和发问，与员工建立深度聆听，从假象中看到现实，提升员工的迁善能力，创造更多的可能性。

第二部分：管理者自我教练，不断实现自我迁善。

在教练式管理中，管理者的自我教练也是重要的组成部分。管理者通过自我教练与自己进行对话，不断实现自我迁善，以更好、更积极的自己与员工交流，提升自己的教练型领导力。管理者在自我教练的时候，需要经历八个步骤，分别是觉醒，即发现自我；觉察，跟自己的身体交流；体会，用体会了解自我；感悟，你要知道你没有办法改变别人，你只能影响别人；通过自我对话，发现自己的内在力量；调整自我，与外界要素进行联结和互动；控制自我，给自己一个行动的理由；采取行动，采取可以实现目标的行动。

第三部分：管理者对员工进行全方位教练，包括潜能教练、成长教练、目标教练和行动教练。在这一部分，管理者会对员工的潜能、成长、目标和行为依次进行教练，以帮助员工实现全方位的发展和提升。

首先，从潜能教练来看，管理者需要深入了解员工的需求，才能知道如何正确激发员工的潜能。了解员工的需求是一个真诚的过程，管理者要换位思考，以心换心，同时还需要通过鼓励、肯定、适当的批评等方式极大发挥员工的潜能，促进员工实现创造。

其次，从成长教练来看，第一，管理者要对事不对人，即遇到事情的时候，只描述事情本身，而不针对员工个人展开评价和评判。第二，要表明对员工的理解，让员工有机会解释，给予员工说话的空间和机会，并驱动持久改变的策略。通过员工自我驱动、价值管理、共同愿景驱动等方式，使员工能够持续改变，乐意改进，做出最好的改变。

再次，在目标教练部分，管理者需要引导员工看到目标、了解目标、确认目标、制定行动、履行行动，并建立跟进和反馈，帮助员工。

最后，在行动教练这一版块，管理者需要应用各种有效方法，让员工心甘情愿作出行动，导向正确的结果。

综上所述，《教练式沟通——直达人心的管理口才技巧》一书，提到了许多教练技术和方法技巧，能够有效地帮助管理者，让好口才成为一种领导力，直达员工内心，引导员工充分挖掘潜能，实现卓越成长。

黄路建

2019 年 5 月

目录

第1章　教练式沟通：好口才意味高超领导力

第2章　教练型管理者能力模型

第3章　教练对话：如何联结深层次沟通

第4章　自我教练：如何实现自我迁善

第5章　潜能教练：如何激发员工的潜能

第6章　成长教练：如何让员工乐意改进

第7章　目标教练：如何帮助员工构建目标

第8章　行动教练：如何实现任务的有效达成

第1章 教练式沟通：好口才意味高超领导力

在教练式沟通管理中，好口才就是一种领导力。让语言激发出员工巨大的潜能，引导员工在思想、心态、行为上发生改变，打破自身局限，积极创造。

1.管理者的口才困扰

在团队管理中，管理者如果具有良好的口才，往往就能借助这种高超的口才管理艺术，取得四两拨千斤的效果，使团队内部和谐、工作效率高稳、工作氛围积极等。但在现实中，管理者和员工沟通的时候，往往会出现口才困扰。什么是口才困扰呢？就是管理者在同员工表达的时候，由于词不达意、语言啰唆等原因，导致表达者的话语不能为员工所理解。表达者无法准确传达自己想表达的内容，造成沟通失效。

（1）困扰一：表达啰唆，语言不精练

表达啰唆，语言不精练主要表现在管理者频繁使用语气词，容易转移员工的注意力。

例如，管理者在开会的时候，频繁地使用“嗯”“啊”等语气词或频繁地清嗓子、做小动作、重复每句话的字尾等，都会转移员工的注意力，使员工有意或无意地把注意力放在管理者的这些个人“小特色”上，而错过管理者表达的真正重要的内容。

（2）困扰二：表达不精彩，不能引起员工的兴趣

通常情况下，管理者在开会表达的时候，语气死板、面容严肃。这种表达方式，显然不能引起员工的兴趣。一旦没有兴趣，员工很快就会走神、打瞌睡，最终无疑难以促成积极而主动的沟通。

（3）困扰三：表达不连贯，员工难以领会内容的精髓

很多时候，管理者不能清楚地传达想表达内容的原因是，管理者自己

也不太清楚自己到底想说什么。这种情况下，表达出来后，必然不能很好地为员工所理解，反而让员工产生疑惑，难以领会管理者表达的精髓。

（4）困扰四：语言迂腐、刻意，大讲套话、空话

不少管理者在表达的时候，语言迂腐、刻意，表达空洞无物。这种表达方式，给员工的感觉是，他们在刻意说一些套话和空话，整个表达结束后，会发现并没有实质性的内容。

教练式管理者在和员工表达的时候，能够精准地定位表达的内容和听众对象，进而采取生动、精练又不失感染力的语言，让员工能够很好地意会到表达者想传达的重点内容，让口才成为一种领导力。

那么，在教练式沟通中，管理者如何消除自己的口才困扰呢？

1）言之有物与心中有物

要想"言之有物"，就要做到"心中有物"。这就需要管理者在表达之前，明确地知道自己想要表达的重点内容，进而有逻辑、有层次并富有感情地将这些重点内容清晰地表达出来。

如何锻炼自己的表达能力？这和管理者平时丰富的阅读量、累积的经验是分不开的。口才好的管理者在表达的时候，往往能够巧妙地引经据典、采用小故事等方式，很容易吸引员工的兴趣，迅速地将员工纳入自己构建的沟通空间中，更好地解决需要解决的问题。

2）建立语言逻辑系统

教练式管理者在表达的时候，往往能够做到"三思而后开口"。他们在表达的时候，能建立一套自身的语言逻辑系统，并成功将员工引入他这套系统中，让他们能及时地领会到自己所传达的意思，而不是"想到哪儿说到哪儿，说到哪儿丢到哪儿"。

具体来说，教练式管理者在与员工沟通的时候，一般会注意两点。

第一点，他明确知道自己想要向员工传达什么；

第二点，他清楚自己想要从员工那里听到什么。管理者想听到什么，

他就懂得问什么和自己需要说什么。

因此，教练式管理者会基于这两点组织自己的表达，建立语言逻辑系统，进而展开有效沟通，达成沟通目的。

3）精准定位受众对象

教练式管理者在和员工沟通的时候，能做到“在什么样的场合说什么样的话，在什么人面前说什么样的话”。简言之，他们能精准地定位场合和受众对象。此外，面对不同性格特征的员工，管理者使用的语言和技巧等也是不一样的。

例如，管理者在会议场合跟员工沟通的时候，表达需要有条理性、计划性，而在私下与员工沟通的时候，就需要随意点、轻松点，否则会给员工造成紧张感，导致沟通失效。

4）语言生动、幽默、具有感染力

幽默是一种高级艺术，能够活跃气氛、让人心情愉悦。同样在管理中，幽默、生动、富有感染力的语言能极大地调动起员工的兴趣，让员工更能集中注意力在管理者的表达上面，积极参与话题，达成有效沟通。因此，管理者在和员工沟通的时候，需要多使用幽默的语言，带动员工的情绪，让员工更愿意表达出自己的看法和建议，达成积极互动，更好更快理解管理者表达的重点内容。

5）深入浅出，表达核心内容

教练式管理者在和员工沟通的时候，会抓住表达的核心内容，深入浅出地将自己需要传达的东西表达出来。他们在表达的时候就像是“庖丁解牛”一样，将各种表达技巧运用自如，从而能够为员工所信服，使员工以积极、正向的心态服从管理者的安排，进而高效地完成工作。

6）“看菜下饭”，揣摩员工心思

教练式管理者在和员工沟通的时候，往往能够揣摩员工的心思，把握对方的真实意图和心理动机。站在员工的角度上思考问题，“想员工之所想，急员工之所急”，进而能够强烈地引起员工的共鸣，引导员工主动表达自己的真实想法，以促进有效沟通，让管理工作更顺利地开展。

7）正向引导，积极赞美

教练式管理者更看重双向沟通，期望在与员工的交流中，能够激发员工的表达欲望，了解员工更多的信息，并通过引导、训练、激励，相信员工有创造巨大成就的潜能。管理者会充分地尊重员工的想法和意见，并会赞美、鼓励员工，引导员工积极发挥主观能动性。

管理者在赞美时，需要言之有物，不能太过空泛。

例如，在赞美某员工工作业绩时，要明确指出该员工在哪些方面做得出色，如“你这次的策划方案做得很有创意，尤其在吸引受众关注部分，做得尤为出彩”，而不是泛泛赞美到“这次策划做得不错”。

2.管理者VS教练

一个好的管理者，应该是一位出色的教练。他能够通过有效的沟通，让员工如出色的运动员一样自主发挥，激发自身的潜能，从而创造出巨大的成就。

但在实际的团队管理中，管理者往往会将自己精力放在如何管理事情上面，而不是将关注力放在员工身上。最后，管理者心力交瘁，但是情况却不尽如人意。究其原因，就在于管理者没能把自己当成一位教练那样去管理员工。

管理者和教练在管理员工方面，存在诸多差别，也正是因为这些差别，导致了最终管理效果相去甚远。具体来说，管理者和教练之间的区别如下：

（1）权威 VS 亲和

管理者习惯于扮演指挥者的角色，喜欢把自己摆在很高的位置上。在与员工沟通的过程中，他们善于发布指令，喜欢利用权威管束员工，让员工按照自己的想法行事，很少会顾及员工的真实想法。

而教练式管理者在和员工沟通的时候，更倾向于仔细倾听员工的心声和想法，并积极发挥员工想法中有价值的、正向的一面。相比较管理者的权威示人管理方式而言，他们更喜欢以平等尊重的心态和员工建立亲和的关系，从而形成正向循环，构建和谐的团队关系。

（2）管事 VS 管人

传统的管理者是“管事型”的管理者，在与员工沟通的时候，会将焦点放在事情上面。例如，员工出现工作失误，管理者会把注意力集中在这件事情上，而不是去深度剖析员工为什么会出现此类错误、此类错误是否能够避免等问题。结果员工下次在面对此类问题时，可能还会继续犯错。

而教练式管理者则会把管理的焦点放在“人”和“人的行为上”。当员工出现工作失误时，管理者会花时间和精力了解员工为什么会出现这样的错误。在深入了解整件事的前因后果之后，教练式管理者不会责骂员工，而会引导员工思考，让员工自己找到解决问题的办法。因此，教练式管理者的信念是：“让员工赢，才是赢的本身。”

（3）依赖 VS 独立

在传统的管理中，管理者事事都管，面面俱到，很容易让员工产生依赖的心理，自主能动性降低。在这种管理模式下，管理者跟员工的沟通通常是单向的，员工会等着管理者主动找自己沟通，而不是主动向管理者反馈事情或寻求帮助。

而在教练式沟通中，管理者会跟员工建立信任的关系，一方面能引导、发掘员工的潜能，并让员工自主发挥；另一方面能够培养员工独立自主的工作风格，增强员工工作的责任心。

（4）批评 VS 赞美

传统的管理者在与员工沟通的时候，尤其在面对员工工作出现失误的时候，往往都是先入为主地对员工的行为进行一顿评价，或者以点带面地否定员工在工作上的付出和成绩。这种做法，大大挫伤了员工工作的积极性。员工会将这种负面情绪带到工作中，形成恶性循环。

而在教练式沟通中，管理者在与员工沟通时，会以积极、正面的赞美为主，尊重员工的劳动成果，并鼓励员工继续努力工作。即便遇到相左的意见时，也能先予以鼓励和赞美，先肯定员工的正确做法，再给出自己的建议和意见。

教练式管理者在管理员工时，能够充分发挥出员工的优势和潜能，帮助员工突破自我，在工作上做出更好的成绩。在教练式沟通中，传统型的管理者如何向教练型管理者过渡？

首先，建立自在、亲和的关系。

管理者如果想与员工达成有效沟通，就需要与员工建立自在、亲和的关系，让员工敢于并愿意和你表达真实的想法与意愿。这就需要管理者适当地抛开传统型管理者身上严肃、高高在上的姿态，在与员工相处的时候，多倾听员工内心的声音，帮助员工消除焦虑、失败、沮丧等负面情绪。

其次，洞悉员工内心需求与真实意图，提高员工的积极性。

在教练式沟通中，如果管理者想让自己的表达直击员工内心，就需要管理者在与员工沟通的时候，建立卓越的洞察力。通过洞察员工的心理和行为模式，了解员工的心理动向，了解员工的真实想法。一旦员工的需求被发掘，他们就会感受到管理者的重视，同时也能找到存在感，进而会更加积极地投入到自己的工作中，发挥出更多的潜能。

再次，发掘员工的优势与潜能，鼓励员工突破自我。

在教练式沟通中，管理者更注重发掘员工的潜能和创造力。因此，管理者在跟员工沟通的时候，需要使用教练技术，让员工看见自身的盲点和闪光点。然后进一步跟员工一起探讨，帮助员工避开盲点，发挥优势，并鼓励员工相信自己，不断突破自己。

最后，积极聆听目标对象，帮助员工实现个性化发展。

管理者如果想在沟通中了解更多的信息，就要积极地去聆听。聆听，不仅要带着耳朵去听，还要带着眼睛、心去听，要“听”到员工语言上没有表达出来的内容。

同时，管理者在倾听的时候，还应该明确地知道自己眼前的目标对象是谁，了解他的特点、工作风格、需求、最期待什么、渴望在工作中达成什么样的目标等。这样做的目的是，能够帮助员工制订具备针对性的个人成长计划，帮助员工实现个性化发展。

从管理者和教练之间的区别来看，教练式管理方式有许多有价值的地方需要管理者学习。当传统型的管理者成功向教练式管理者过渡后，不仅能够与员工之间展开积极的互动，了解员工的心声，还能通过沟通极大地发掘出员工的潜能，帮助员工积极创造，提高团队向心力，带领团队获得迅速而平稳的成长。

3.管理沟通中的“漏斗效应”

在现实管理中，不少管理者可能都会有这样的感受：自己传达的任务，跟员工最后执行的任务之间“相隔十万八千里”。为什么会出现这种情况？因为在沟通的过程中出现了“漏斗效应”（图 1-1）。

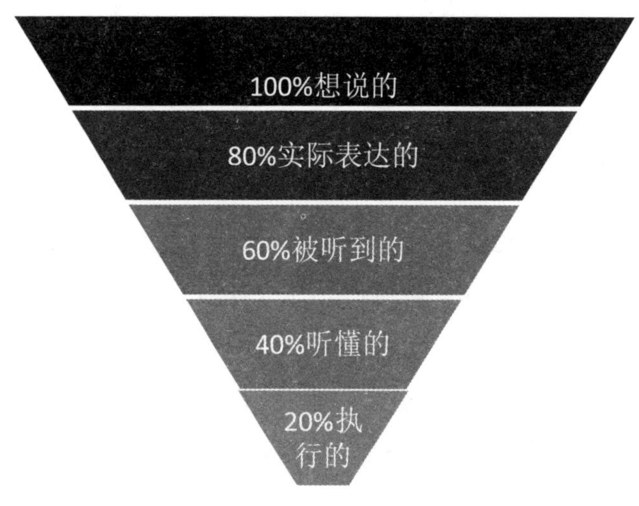

图 1–1　漏斗效应

沟通中的“漏斗效应”就是指管理者心里想表达的内容是 100%，但在实际与团队成员的沟通时，却只能表达出 80% 的内容。而因为受环境、心理、文化水平、知识背景等各种因素的干扰，对方最多能听到 60%，最后真正听懂、被消化理解的只有 40%。等真正执行的时候，已经变成 20% 了。

这就是一种沟通中信息衰退的现象。我们发现，消息传到最后会“越传越少”，甚至会越传越偏，伴随着出现的是信息误读。

上级领导告诉经理：“明天下午四点半在 A302 开会，会议主讲人提前半个小时到场，准备好会议。与会人员要提前 5 分钟到场。要找一个头脑清楚、手记迅速的人做会议的记录人员，记录好会议的要义。”

经理告诉各部门主管：“根据领导的指示，明天下午四点半，在 A302 开会，会议主持者要提前半个小时到，其他人都要提前 10 分钟到，要做好会议记录。”

部门主管告诉各员工：“明天下午四点半在 A302 开会，大家都要提前

10 分钟到。全部人员要做好会议记录。”

员工接收到的信息之所以会和最初的信息有很大的出入，就是因为在沟通中出现了“漏斗效应”，使消息越传越变，也给工作带来了障碍。

相反，教练式沟通能应用独特的语言技巧，直击问题的核心，将自己需要表达的内容清晰、精准地传递出去，与员工迅速地达成共识，进而帮助员工明确工作任务及指令、激发潜能，发挥出最好的工作状态。

在实际的管理工作中，管理者之所以在沟通时会出现“漏斗效应”，正是因为管理者在与员工沟通时常常会出现以下几个思维误区。

如何缓解沟通中出现的“漏斗效应”，管理者可以参照以下方法：

环节 1：第一个漏掉的 20%（管理者心里想表达的 100%，嘴上说的 80%）

第一个漏掉的 20% 是管理者心里想表达的 100%，但嘴上只说到了 80%。原因如下：

一是管理者表达能力有限，往往无法精准地说出自己真正想表达的那一部分内容。或者在表达的过程中，过于修饰自己的语言、添加不必要的修饰语，掩盖了自己表达的“真相”；

二是管理者在表达的时候，没有记住重点；

三是管理者碍于面子，不好意思表达。

基于以上原因，管理者在和员工沟通时，要做好以下工作：

首先，管理者在表述前要记录下自己表达的重点，要明确自己想要表达的中心内容并提前做好准备；同时，在表达时，要克服自己啰唆、频繁说语气词、重复句尾两个字等习惯。

其次，多多锻炼口语能力和思维方式，最大限度地把自己所要表达的意思精准地传达给员工。

最后，管理者在沟通的时候，要建立坦诚的态度。内心想表达什么，就直接表达什么。不要碍于面子，就对某些重要信息如点评员工工作成绩和状态，予以掩饰。

环节 2：第二个漏掉的 20%（嘴上说的 80%，员工听到的 60%）

第二个漏掉的是管理者嘴上说到了 80%，而员工听到了其中的 60%。原因如下：

一是管理者在与员工沟通时，往往重要的事情只讲了一遍，而一些不重要的话却反复说。对于重要的内容，很多管理者的想法是，我已经强调过这个内容很重要，没有必要再说一遍。但是这个“重要”的概念只是管理者的认识，员工很难因为管理者一句话而认识到这件事的重要性。

二是管理者在表达时会受到员工的干扰。例如，员工在会议上思想开小差、做小动作等，这些在一定程度上都会转移管理者的注意力。

三是从员工角度说，员工在聆听的时候会受到来自领导、同事等外界的干扰。例如，管理者在表达时带着明显的负面情绪、眼神尖锐、表情生硬，也会影响员工的聆听效果。

四是受记忆力的影响，员工无法一次性全部听完。而员工在聆听时，也没能保持记录要点的好习惯。

基于以上几点原因，管理者在和员工沟通时要做好以下准备：

首先，通常情况下，员工只会对管理者反复提及的事情有深刻印象。因此，管理者在陈述完毕，还要前后连贯地再梳理一遍，并跟员工一起回顾并提炼出所表达内容的关键点，使双方能够就关键内容达成沟通的共识。

其次，管理者在和员工沟通时，要带着轻松、平和的心态，不要过多地显露个人的负面情绪，避免转移员工的注意力。

最后，员工在与管理者沟通时，必要时要保持记录的好习惯，弥补听力上的不足。同时，管理者在表达的时候允许员工进行补充、询问等。

环节 3：第三个漏掉的 20%（员工听到的 60%，员工听懂的 40%）

第三个漏掉的20%是员工听到的60%，而真正听懂的却是其中的40%。原因如下：

一是员工因知识文化背景、学历水平、理解能力的不同对信息的接收程度也会有所不同。有的员工理解能力高、理解速度快，能在管理者表达的当下就能精准地意会其中意思；而有的员工理解能力偏弱，即便管理者说完也不知所云。

二是员工在倾听的过程中并没有做到全神贯注，因发呆分神而错过重要信息，等回到沟通上时，会形成理解断层，因此没有听懂。

三是员工碍于面子，不懂装懂。

基于以上几点原因，管理者在和员工沟通时，要做好以下工作：

首先，管理者要认识到员工接收信息的能力，在表达重要内容或者难以理解的内容时，需要对关键点进行扩展，如举例等。让员工更直截了当地意会其中含义。同时，管理者在表达时要简明扼要，直击问题的核心，将庞杂的工作精而准地表达出来。

其次，员工在沟通时要做到全神贯注，全身心地投入沟通中去。同时管理者可以通过提问要点的方式强制员工进入沟通中。

再次，员工在记笔记时，要记下要点。不要本末倒置，为了记笔记而错过重要内容的倾听，这是得不偿失的行为。

最后，如果可以的话，管理者适当地按照员工的思维习惯和表达方式来进行沟通，可相应地降低失听率。

环节4：第四个漏掉的20%（员工听懂的40%，员工实际执行的20%）

最后一个漏掉的20%是员工听懂的40%，员工却只能执行其中的20%。原因如下：

一是员工在执行任务时，即便管理者交代了办事标准，不少员工还是按照自己的思维和办事习惯去处理工作。

二是管理者在沟通时表达的是思想，而真正去执行工作任务的是员工。不少管理者会把员工看成是自己思想的执行者，很少顾及员工对任务的感受，最终导致执行任务的过程中出现误解、行为偏差等情况。

三是想象和现实之间的冲突。虽然员工的思想保持一致，但因工作能力、办事风格等原因的影响，使工作跑偏。

四是员工在执行工作的过程中，缺乏管理者有效的监督。

基于以上几点原因，管理者在和员工沟通时，要做好以下工作：

首先，管理者要监督员工的工作进度，以确定员工工作的正确性和方向性。

其次，员工在执行任务的过程中，要明确管理者的真实意图并确认，当出现异常情况时要及时和管理者沟通并反馈真实情况。

4.教练式沟通：管理动力对话系统

管理者在和员工沟通的时候，经常会出现这样的窘境：双方都站在各自立场，对同一个事物存在不同的理解和看法，使双方在交流时，难以相互理解。这样一来，既增加了沟通成本，又使工作无法顺利完成。

而在教练式沟通中，管理者可通过管理动力对话系统来解决这一问题。

管理动力对话系统能够有效地呈现问题，让沟通更为顺畅。同时，也能有效帮助员工与员工之间、员工与管理者之间、团队与客户和供应商之间，发挥积极的作用。管理者通过动力对话形式，一问一答，能够了解到员工更多的信息。但是需要注意的是，在这种对话形式中，并不对员工的回答做出点评，而是进一步问下去。

首先，我们来了解一下什么是对话模式。管理者和员工在进行动力对话时，对话模式一般如下：

你的目标是？

实现这个目标的关键步骤是？

先看哪个步骤？

在这个步骤上拥有的行动要素有多少？

从什么时候开始第一步行动？

从什么时候开始，到什么时候结束？

你怎么知道你的行动是有效的？

管理者对话系统有一定的对话模式。管理者在与员工沟通时，可以通过有效的询问，一步步向员工寻找答案。员工在回答的过程中，逐步了解问题实施的可能性，自我询问答案，更能有效地解决问题。下面，我们通过一个例子来进一步了解动力对话系统。例如，我们把管理者即教练者设为 A，被教练者即员工设为 B，展开如下动力对话系统：

A：为了能够更好地实现我们的目标，你觉得我们需要做什么？

B：我们需要统一战线，做好准备工作。

A：你能具体说一下如何统一战线吗？

B：首先，我们需要思想统一，心往一处想，劲往一处使，让这个目标成为我们共同的目标。其次，我们需要就实现目标制订计划。

A: 你认为我们需要如何统一我们的思想和制订目标计划。

B：思想统一需要我们有正确的方向和思维，只有想法正确，行为才会正确。而制订目标计划则先要制订团队计划，再根据团队计划制订个人计划。

A：你认为我们团队如何拥有正确的方向和思维呢？

B：我们光要了解团队的愿景，让团队的每个人都达成共识，有共同的目标。当我们达成共识之后，很快就能确定正确的方向，进而在思维上达成统一。

A：你刚才还说到要制定目标？你的目标是什么呢？

B：我们的目标是希望团队发展得越来越好，同时，我们也能从中获得我们想要的东西，如金钱、荣誉等。而当下目标就要根据我们团队目前的任务进行制定。我们下个月的目标是销售额突破 100 万。

A：你觉得我们下个月的目标能实现吗？如何实现呢？

B：……

动力对话系统能够有效地帮助管理者解决与员工沟通的障碍，能有效地解决问题，帮助双方思考，有效地呈现问题、解决问题。具体来说，管理者如果希望自己的动力对话系统能有效展开，就需要做好以下工作：

（1）收集信息

管理者在和员工沟通的时候，正是因为缺乏有效信息，才造成沟通障碍。而动力对话系统则帮助管理者获取有价值的信息。

（2）引发思考

管理者在和员工沟通的时候，很容易一味传达自己想说的内容，而员工则一味吸收。双方之间在交流的时候并不能引起积极的思考，而不能让员工引起思考的内容，很难让员工理解并记住。而动力对话则帮助双方加速思考。

（3）达成共鸣

动力对话能够积极地帮助管理者与员工，在沟通的时候产生共鸣，能够使双方的意图为对方所理解、所领悟。

例如，员工向管理者抱怨“工作难度太大、工作计划无法如期完成”。这时候管理者不要将焦点集中在工作难度上，而应该说：“其实大多数员工在做这个工作时，都觉得很难。”这样就巧妙地将个人问题上升为一般问题，表明说工作“难”的不是你一人。接着再向员工表达：“我之所以会选择让你来做，是因为信任你的能力。”以此来激发员工的自信心和责任心。

在这个过程中，管理者没有逃避和否认员工的看法，甚至是认同员工的看法，并在此基础上将这个话题升华为能力问题，通过有效沟通让员工更好地去完成工作。

（4）激发动力

动力对话能够让沟通成为一种领导力，能让员工更好地意会管理者的表达，进而将这个理解转化为执行力，出色地完成工作，激发动力。动力对话需要从“意义性”角度去激发，让沟通更有动力性和成就性，让员工愿意践行和你的对话。动力对话系统就好像把管理者和员工置于一个跷跷板上，只有双方配合默契，才能获得游戏的乐趣。

很多时候，员工觉得跟管理者沟通是一件浪费时间的事情，因为管理者并不能很好地帮助他们解决实际面临的问题，因此沟通常常无疾而终。但管理者在与员工沟通的时候，是本着解决问题的心愿进行的，但这也只是管理者的心愿（能不能解决问题还得另说）而已。

例如，管理者对员工说：“我只告诉你一点，这个问题是能够解决的。”接着管理者会从他所了解的角度对问题进行阐述，但在这个过程中可能会让员工产生误解，表达也显得乏味或不具针对性。

而在教练式沟通中，动力对话则会建设更有意义的话题（激发员工趣味）：“比起你目前在解决这个问题时遇到的困难、面临的障碍，以及改进措施，我现在跟你说一下你当前的成绩和完成的结果。”如果管理者没有从“意义”方面进行回答，员工将失去解决问题的动力和意愿，即便去处理了，结果也是不尽如人意。

从案例中来看，当管理者使用动力对话去组织沟通，从意义的角度激发员工，能够让员工从中获得更多的动力，做出更好的努力。而前者仅仅阐述问题，无法充分地从中建立起价值，让员工有解决问题的勇气和动力。动力对话有一个很重要的作用就是能够获得动力，让员工更好地在工作中积极创造。

5.教练式沟通的语言模式

管理者在和员工沟通的时候，需要巧妙地使用语言，使沟通更为有效。在教练式沟通中，管理者使用教练式语言模式，一方面能够帮助员工看见自身存在的问题，获得成长；另一方面还能够帮助管理者提升沟通能力，解决管理工作中遇到的问题。在教练技术上，有许多语言模式，下面重点介绍三种重要的语言模式，帮助管理者实现与员工间的有效沟通。

（1）梅塔模式

梅塔模式，即技术提问，是一种基本的语言模式，它是一种从表层结构深入深层结构的提问方式。管理者通过一步步向员工发问，让问题明晰、目标明确，以达到良好的沟通效果。

在实际沟通过程中，管理者可以运用梅塔模式，根据员工的性格和办事风格，对员工进行提问。

梅塔模式具体包括四种语言模式。

一是趋向—背离型语言模式。趋向型员工的特点是着眼于未来，但不善于利用过去经验；背离型员工会关注当前问题，但缺乏目标性。

管理者在与前者沟通时要引导员工积极汲取过去经验，“如果累积过去的经验，会不会事半功倍呢？”；管理者在与后者沟通时，告诉员工：“关注长远问题，会不会给你工作减少更多的障碍呢？”

二是投入—抽离型语言模式。前者主动性高，盲目性也高；后者先退一步观察事物发展，但无法掌握方向，把握机会。

管理者在与前者沟通时要引导员工从实际出发，如“你的态度非常好，也很投入认真，你觉得如何联系实际才会更好地发挥价值呢？”；与后者沟通时，引导员工把握机会，如：“如果你是 ××，你会怎么解决这个问题呢？”

三是条理—随意型语言模式。前者遵守规矩，注意细节，但缺乏对全局的把控；后者从传统中脱离出来，寻找新思路。

因此，管理者要引导前者注重全局性，如“你想的这几个点都特别好，但你还需要联系一下整体，效果会更好……”；引导后者关注创新，为对方提供更多的尝试机会，例如“就按照你的想法，去试一试吧”。

四是结果导向—关系导向型语言模式。前者对事不对人，只关心目标的达成；后者对人不对事，常关注帮助他人。

管理者在对待“结果导向”型员工时，要引导该类型员工关注目标，例如在沟通时表达：“你的工作距离目标还有多远呢？还要做出哪些努力？”，对“关系导向”型的员工，管理者要充分显示情感关怀，询问员工“在完成这个任务时，你有什么压力吗？需要得到什么帮助吗”？

（2）米尔顿语言模式

米尔顿模式也被称为一种简明的催眠话术，能够与人的潜意识直接进行沟通，通过技巧性地使用模糊、不明确的语言，让对方在潜意识里能够对问题拥有一个清楚、完整且全面的理解。米尔顿模式利用“催眠式暗示”，可以帮助员工在情绪层面上与管理者形成密切联系，巧妙地赢得人心，最终产生强大的威力以及持久的沟通效果。

管理者在使用米尔顿语言模式时，可以通过猜测、暗示、预设、复合等方式使沟通更为有效。

一是“猜测”。即管理者编造一个含糊的词句，潜意识地影响对方，让对方按照管理者语气的方向做出回应。例如，管理者说“我猜你一定能够做到……”“我知道你在想……”等。

二是“暗示”。即指管理者通过技巧性的提问，为员工留下思考的空间，启发员工去思考，自主填充管理者尚未表达出来的信息。并且随着沟通的深入，员工会愿意接受更多的暗示，实现积极的交流。

例如，管理者跟员工说：“这个主题策划适合你，也能发挥出你的专长。”可能员工在接受到这个暗示之后，也会跟随管理者的话语思考：“好像确实还挺适合我的。”

三是“预设”。即指管理者在向员工表达的时候，增加一些言语上的预设，让员工产生积极的心理暗示。

例如，暗示员工“凡事至少有三个解决办法”“别人能做到的，我同样也能做到”。这样做可以帮助员工树立更为积极的心态，摆脱工作困境，从而有更出色的表现。

四是“复合等同”。即指管理者要有技巧地，将两件不一定相同的事情看成是等同，催眠式地帮助员工克服障碍，实现突破。

例如，管理者告诉员工“你有能力将事情做到现在这个程度，就表示只要稍加努力你可以将这件事情做得更好”“你能很快地做出反应，说明你的转变能力强”。

（3）检定语言模式

检定语言模式是 NLP 最重要的技巧之一，是由美国的两位心理学家理察德·班德勒和约翰·格林德提出来的。他们将语言分为两个结构，即表层结构和深层结构。表层结构是指已经说出来的话语，这部分话语也经历了三个层次的变化：扭曲、归纳和删减。而深层结构则是指未说出口的话，它包含着说话人的价值观、信念、规条等内容。

一是扭曲。是指管理者在与员工进行沟通的时候，会在一定程度上扭曲员工的话语。例如，员工说："我无法胜任这项工作。"管理者就需要将其化解为："因为 ××，你会有如此感受。"

二是归纳。是指管理者面对员工的拒绝时，会在脑海中下意识地搜索过往经验以确认员工表现出此种行为的背后原因。例如，曾经有员工因粗心而出现工作失误，那么管理者很容易就将下次别的员工出现工作失误归纳为粗心。

三是删减。是指管理者要将员工表达中无用的、啰唆的等部分删除掉，以便更好地理解。例如，员工表达说："我害怕。"管理者需要化解为"你害怕什么"等，以进一步确认更多的信息。

6.教练式沟通的信念系统

人与人沟通时，信念发挥着重要的作用，它会使人对同一事物产生不同的看法。每个人都有自己的信念系统，如果一方总是将自己的信念强加在另一方身上，不仅会激化矛盾，还会引起对方的对抗。

信念系统由：信念—价值—规条组成。人与人沟通产生矛盾其实也就是信念系统发生了冲突。

信念系统最常发生在家庭中，父母总是以“为孩子好”的初衷和意愿，强迫孩子去做一些不符合他们自身信念系统的事情。举个简单的例子，父母觉得孩子大学毕业之后，考取公务员或事业单位是最正确的选择，但对于孩子们来说，这不一定是个好的选择。在沟通的过程中就会产生矛盾，甚至会面临争吵。

在管理中同样如此，沟通中出现矛盾或冲突，深层原因是管理者和员工的信念系统出现了冲突。如果管理者总是将自己的信念强加在员工身上，不仅会激化矛盾，还会引起员工的对抗。

管理者如果想实现与员工之间的顺畅沟通，相应地就要尊重员工的信念系统，在聆听员工想法的同时，适度地表达自己的想法，而不是企图将自己的信念系统凌驾于员工之上。

管理者在与员工交流的时候，能够将需要解决的这件事情背后的信念、价值、规条找出来，能够克服内心障碍、树立信念，打破条条框框，重组甚至改变自己的信念系统，以更为积极有效的方式去和员工沟通，从而引导事物朝积极的、正向的方向发展。

首先，我们先了解信念系统的组成部分，即信念、价值、规条。

（1）信念

一般来说，信念的形成是由自身经验、他人经验、他人传输、自我思考获得的。信念，即“我”心中认定的“真理”，“我”觉得事物理应按照“我”的规则运行，坚持以自己的看法为准。

一旦别人的“信念”与我心中的“信念”发生冲突时，“我”会想当然地认为对方是在冒犯、反驳，从而“我”的“信念”会下意识地指导“我”做出反应。

一是为自己“伸张”；

二是希望对方能够按照“我”的信念行事。

但个人的信念会出现片面性、主观性等特点，需要人们做出修正。同时，不同的信念下人们看待问题、解决问题的方式也不尽相同，因此会导致沟通的时候出现矛盾。

（2）价值

价值就是我坚持我的信念，是因为我信任它们会给我带来好处，而这里的好处就是价值。例如，我认为努力工作会获得好的回报，而这里的回报就是价值。价值是可以创造、增大和转移的，这也就使人们为了获取更高的价值，有改变自己信念的可能。

（3）规条

如果说信念和价值回答的“是什么”的问题，那么规条回答的就是“如何做”的问题。规条是践行人们信念和价值。但往往会因为信念和价值出现差错，人们还是坚持认为其是“对的”，继而会在错误的道路上走得越来越远，也会将事情弄得越来越糟糕。

例如：“人与人之间应该相互帮助，这样我们才能更好地了解彼此，感觉到温暖和信任，所以我们要时常交流。”

其中，信念是“人与人应该相互帮助”；

价值是“温暖和信任”；

规条则是“时常交流”。

一个人是不可能脱离信念系统而存在的，所以人与人之间在沟通的时候，需要顾及对方的信念系统。即便对方的信念系统与你的信念系统发生冲突，也不要通过打压、反驳、否定的方式来寻求对方的理解和认同。教练式管理者在与员工相处的时候，需要积极地处理好这三者间的关系。

（1）规避“伤害式定框”

一个人的信念能够帮助其做成很多事情，但也会让一个人陷入负面、消极的情绪中。当问题发生时，管理者需要避免一系列行为和方式。

因此，管理者在和员工沟通的时候，需要保持耐心，善于激发员工身上积极的、正能量的一部分。管理者可以从多角度来看待、解决问题。

举个例子，员工没有如期完成工作，管理者需要思考以下几点：这次是个特例，还是没能如期完成工作是该员工的惯常表现？是不是工作难度太大了？该员工是否已经尽了最大的努力？

管理者在与员工交流的时候，要摒弃自身系统中的扭曲、暗示等心理作用，避免使用：

“你为什么会犯错？”

“你知道你的错误给我们带来了多大的损失吗？”

“你打算怎么弥补这次的失误”等。

这些语句会增加员工的内心压力，形成消极负面的情绪，反而让情况变得更糟糕。同时，这种“伤害式定框”也会限制员工个人能力的发挥。

（2）发展“成长式定框”

管理者一方面需要规避“伤害式定框”带来的危害，另一方面也要发展“成长式定框”法的优点。成长式定框法是指管理者在面对员工的失误时，要以关注员工成长与提升为出发点，对员工进行鼓励、指导。管理者不能带有强烈的个人情绪评价员工行为。即便员工发生失误，管理者更多的是要正向地评价员工的工作，积极帮助员工树立自信心，挖掘员工的潜能，促进员工成长。

例如，管理者询问员工："你现在完成这项工作，希望得到什么样的帮助？"

"如何做才能发挥出你的优势？"

"你在 ×× 方面已经做得更好了，如果你把 ×× 再修正下，就会非常完美了"等话语。

积极帮助员工树立自信心，挖掘员工的潜能，促进员工成长。

（3）积极管理好情绪，接纳与转换

管理者在和员工沟通的时候，需要发挥出正面的信念系统的作用，要避免先入为主地去评价员工的行为，而应该最大限度地尊重员工的工作方法。当员工行为出现错误时，或者员工的信念系统与自己的信念系统不相融合的时候，管理者要试图去理解员工行为发生的合理性，积极接纳，并引导事物发生正向变化。

当管理者和员工沟通时发生冲突或矛盾时，管理者需要深刻认识到自己的信念系统所起的作用，你要把存在于你身上的负面信念释放出去。你在意什么，因为什么而情绪波动，绝对是你的内心信念系统在支撑你，所以当这是你本身的一部分时，你以平和心态去接纳它，进而对它进行转化，而不是将你的负面情绪转移到员工身上，引发员工的不满。

第2章 教练型管理者能力模型

教练式管理者有着超强的尊重能力、聆听能力、提问能力、区分能力、回应能力、语言能力六种能力，使管理者在教练员工时发挥重要的效用。

1.尊重能力：建立亲和、信任与和谐的关系

在传统的团队管理中，管理者在和员工沟通的时候，往往高高在上，带着消极、埋怨等负面情绪与员工展开交流，整个沟通过程变成了“批判大会”。最终导致的结果是，双方在沟通时没能形成良好的默契和氛围，无法达到以沟通解决问题的目的。

在教练式沟通中，管理者在和员工沟通的时候，会积极与员工建立亲和、信任与和谐的氛围，表现出极佳的尊重能力，使整个沟通在轻松、愉悦的氛围下展开，以达到有效沟通的目的。

建立亲和、信任与和谐的关系是有效沟通的基础，那么管理者在与员工沟通时，应该如何建立亲和、信任与和谐的关系呢？

（1）学会“配合”

教练式管理者在与员工交流的时候，不以遵循传统型的“以管理者为中心”展开的对话模式，而是以平等的心态，将自己和员工放在天平的两端，甚至会“以员工为中心”建立对话。因此，在沟通过程中，教练式管理者会主动配合员工。

亲和、信任的关系需要“响应”，没人会对时刻反对自己的人产生好感。

美国著名的心理学教授艾伯特·梅拉比安的研究表明，在沟通中只有7%和你说什么有关系，你用什么样的语气语调说占38%，而剩下的55%完全靠的是你的肢体语言。

因此，管理者在与员工交流的时候，不仅需要把注意力放在员工的口头表达上，还要极大地关注员工的说话语气和肢体动作，进而根据员工的“表现”来调整自己的“行为”，通过这些细微的行为调整与员工建立亲和关系。

例如，员工在表达的时候，声调偏低、声音偏小、语速平缓，管理者如果照顾到员工的个人表达习惯，会更容易进入员工的频道中，让员工以放松的心态与你交流，直至双方频率趋于同步，让气氛变得融洽、和谐。

（2）真诚、支持

管理者在和员工沟通的时候，还要让员工感受到自己热情而真诚的态度。

一是多用眼神接触，面带微笑地倾听，必要的时候要给予对方回应。

二是多使用语气词，如“你昨天就已经将工作完成了”“你昨天就把工作做好了，一定很辛苦吧”比“你昨天就完成工作了是吗”表达更有感染力、更亲和。

三是多使用正面词语，如“对的”“确实”等，尽量少用否定性语句，如“是这样吗”“不对吧”“我不这么认为”等负面表达；管理者在和员工沟通的时候，要扮演“支持者”的角色，而不是“批判者”的角色。

例如，员工出现工作失误，管理者需要从解决问题的角度，帮助员工认识到“怎样发挥出自身的潜能和优势，将工作做得更好”，而不是一味地批评员工“怎么能耽误工作”“工作怎么做成这个样子”，要提供帮助，而不是消极打击。

（3）信任的建立

信任在沟通中有着重要的作用，它能够让人敞开心扉，表达自己的真实想法。当员工信任你的时候，他们会表达出内心真实的想法。一旦信任感成功建立，那么双方在沟通的时候，极容易建立合拍、一致、支持性的关系，有效解决沟通中遇到的问题。

一是要求管理者多尝试理解员工、从员工的角度思考问题、充分尊重对方说话的权利和诉求，而不是自以为是、只顾自己的利益和情绪发泄。

二是在沟通的时候，管理者要最大限度地说出员工喜欢听的内容，使对话能够按照员工的心意走。此外，管理者在说完自己的看法之后，要征求员工的意见，允许员工提出看法，甚至质疑，且不能因为员工的不同看法而心生怨怼。

三是要求管理者积极地与员工分享自己的价值观和情感，理解员工的难处和付出。

例如，“我知道这工作对你有一定的难度，需要付出很多的努力。有什么是我能帮助你的吗……”真诚且富有帮助地与员工沟通，拉近与员工之间的距离。

（4）尊重员工的信念系统

亲和、和谐关系的建立需要表现出极大的尊重。对教练式沟通来说，管理者需要尊重员工的信念系统，即便别人表达出来的内容与你的看法不同，你也要耐心地等员工表达完，而不是立即反驳、否定，甚至带着愤怒的情绪消极打击。当然尊重员工的信念系统不是一味地全然忍受。

管理者首先要积极肯定员工所表达出来的话语中积极而正确的一部分，对于不符合自己信念系统的那一部分，管理者需要这样表达：

“我很理解……同时……”

“我很同意你的看法……，同时……”

“你的想法很好，如果加上……就更完美了。”

表达自己的意见之前要先肯定，充分尊重员工的心理感受，以免让员工产生抵触心理而结束对话。

尊重员工信念系统以建立亲和、信任的关系，也需要管理者管理好自身的信念系统。管理者要摒弃让自己停滞不前的信念，如“我已经做出了极大的忍耐”“我能做到这样，他们（员工）要知足”等。

除此之外，还要减少甚至摒弃自己更多可能性的信念，如“以我的身份，我怎么能随便和他（员工）交流”“我觉得好好说话是没有用的，我无须做这个努力”等。

2.聆听能力：进行深层次的聆听

在教练式沟通中，管理者如果想达到有效沟通，就需要充分发挥聆听能力，与员工建立深层次的聆听。深层次的聆听就是站在员工的立场上，不仅打开耳朵去听，更要打开眼睛、心灵去聆听，聆听对方语言背后真实的心理动向和需求，听到对方的“言外之意、话外之音”。

聆听包含着对说话人的尊重与鼓励，能够让对方感受到你的真诚和理解，无形中会让对方表达出内心最真实的想法。同时，深度聆听能够“听”到话语中听不出来的内容，能了解到对方话语背后的动机，有利于消除误会、缓解矛盾。除此之外，深度倾听还有助于提升工作效率，发掘对方的潜能，让工作推进更为顺遂。那么，在与员工沟通的时候，管理者如何进行深层次的聆听？

教练式管理者在建立深层次的聆听时，需要建立 3R 模式。3R 分别是单词接收（Receive）、反应（Reflect）、复述（Rephrase）三个单词首字母的缩写。

教练式管理者在深度倾听的时候，需要接收对方的表达并对对方的表达做出适度的反应，再通过复述的方式向对方表现出你聆听的程度。具体来说，要做好如下工作：

（1）Receive（接收）

管理者在聆听的时候，需要做到“听而有物”，明确知道对方正在表达什么和即将表达什么，而不是毫无准备，不知道对方在表达什么。

因此，管理者需要做好充足的准备，在聆听的时候，需要站在对方的角度去聆听，真切地感受对方说这番话的目的。管理者在接收时，要做好以下工作：

一是主动倾听。管理者在聆听的时候，需要全身心地投入沟通的情境中。主动聆听是指管理者在听的过程中要运用已有的经验和认识，主动在员工的表达中寻找答案，而不是被动接收，不建立自己的思考。

二是建立察觉。管理者在倾听的时候，需要眼睛、耳朵、嘴巴、内心共同作用，建立察觉，察觉到员工的眼神、微表情、肢体动作等。例如，员工在表达的时候，眼神总是飘忽不定，并避开与管理者眼神接触，这时管理者就要察觉到该员工是不是有难言之隐，在察觉到有这种可能之后，就要给予员工充足的信任和安全感。

三是抛开判断。管理者在倾听的时候，需要抛开判断，避免先入为主的理念，保持客观中立，倾听对方的全部，以了解到更多的内容。这就需要管理者做到对事不对人，抱着真诚、支持的态度去聆听员工的表达，和员工形成积极、互助的而不是对立、冲突的关系。

四是换位思考。放弃以“自我为中心”的沟通模式和思维方式，要换位思考，设身处地地聆听，共情地去聆听；保持专注和好奇心，鼓励对方表达出更多的内容，而不是表现出消极、敷衍、不耐烦等负面情绪。

管理者要把自己当成员工，站在员工的角度来理解客户为什么会说出这些话，基于怎样的目的和意图，感同身受地理解员工的表达，有意识地聆听关键信息。

（2）Reflect（反应）

反应是指管理者在建立深度倾听时，不光会听，还会“反应”。通过语言、动作、眼神、表情等给出员工反应。

一是动作反应。管理者需要保持良好的倾听姿态，如身体微微前倾、眼神专注、真诚地微笑等，避免做出抱着胳膊、跷着二郎腿、目空一切等动作；让员工知道你在倾听，觉得现在你是他最重要的人，你的时间和精力只为他一人而存在，让员工有足够的空间和心理准备去尽情表达。

二是语言反应。管理者还需要表现出简单回应，如“哦”“原来是这样……”“然后呢”“嗯，我明白”等，让员工知道你在认真倾听。

三是微表情、眼神反应。管理者要通过微表情、眼神等与员工“响应”，如不时地点头表示认同，让员工深切地感受到自己正在感同身受、愿意倾听，从而鼓励对方表达出更多的内容。在倾听的时候，要给予员工足够的关注、耐心、尊重，而不是传递负面、对沟通没有帮助的信号。

（3）Rephrase（复述）

在这一阶段，管理者需要将自己所理解的内容向员工进行确认，以确保自己正确地理解了员工的话语，与员工产生共鸣。确认是倾听中的一个重要环节。

一是确认自己是否真的意会了员工的表达。管理者需要向员工反映自己所听到的内容，在重要的信息上做好复述的工作。例如，管理者可以询问员工：“你刚刚表达的 ××，是不是想说明……这个意思”“你说的 ××，是为了实现 ××”等。

二是确认重要信息。管理者要就重要信息与员工确认，如工作进度、计划等，一方面双方能够达成共识，另一方面重要信息对工作有着重要的指导意义。复述十分有必要。

三是复述让自己迷惑的信息。管理者要向员工确认让自己迷惑的信息，如“你刚刚说到的……，是这个……意思吗”“你刚刚说到的……能再说一遍吗”。如果管理者没能理解员工的意思而不懂装懂，会给员工错误的指示。

四是确认要抓住时机。管理者在确认的时候，也需要抓住时机，不能贸然打断员工的表达，而要有技巧性地插话，要注重员工表达间的空隙。例如，员工刚结束上一段表达，即将开启下一段叙述时的空隙。

3.提问能力：提出有效的问题

在教练式沟通中，管理者不仅要会“听”，还要会“问”。有效的提问能够发现事实，直击问题的核心，使回答问题的过程其实就是解决问题的过程。

但在现实管理中，管理者常常欠缺提问的能力，导致提出的问题不着边际，难以问到关键点上，无法引起对方积极的思考，甚至会引起对方防卫性的辩护，反而激化了矛盾，与预期目标背道而驰。

希腊著名的哲学家苏格拉底有一次在公众演讲会上，出了一道当时公认的高等数学难题，再三询问，在场的人没有谁能够答得出来。这时候，苏格拉底当场叫起了一个五岁的孩子，通过一连串的询问，这个孩子最后竟然解出了这道高等难题。

看似高深的高数难题之所以能被一个五岁的孩子给解开，关键在于苏格拉底进行了有效提问。管理者如果想让自己的提问有效，就需要借用技巧性的提问，以下列举了五种提问方式，能够帮助管理者获得更多的信息，帮助员工解决问题。

（1）多使用开放性提问

管理者在和员工沟通的时候，要多使用开放性提问，避免采用封闭式提问而限制员工的思路。开放性问题并不限制答案，它能够充分给予员工表达的空间和自由，能够让员工表达出更多的内容。例如，在提问时可以多使用“为什么”“什么”等开放性常用句式，以了解到员工更多的想法。

常用的句式有以下几种：

“我能帮助你什么吗？”

“为什么会出现这种情况呢，你当时处于什么样的情况呢？”

“凡事都有三个解决方案，你觉得可能是什么？”等。

管理者在使用开放性提问时，不是漫无目的地，而要做到心中有方向。在提问时需要思考这样几个问题：

“现在正发生着什么？”

“我们正在朝着哪个方向前进？”

“我要向谁提问？”

“提问什么？”

“我想达到什么样的预期目的？”等。

开放性提问既让员工找到更多的方向，又要发挥出更多的可能性和创造性。管理者要通过提问来帮助员工拨云见日，更好地完成实际工作。

（2）多使用好奇心提问

管理者在提问的时候，可以把“能不能……”改为“怎样才能……”。当管理者使用好奇心提问时，能够调动起员工的情绪，让员工更愿意并且积极主动回答问题。

例如，管理者询问：“昨天你说的那个项目，后来是怎么解决的呀？”

（昨天下班之前，员工提出了一个方案，好奇心驱使管理者进行提问）“你今天状态很好，是工作进展得很顺利吗？”

（3）多使用启发式询问

启发式询问能够给员工提供更多的思路，让员工按照管理者的提问说出更多的细节和内容。例如，管理者提问员工：“然后呢……”“刚刚你说的那个问题，究竟是怎么回事”等。

管理者积极启发员工的思路，但不要预设答案，要以员工的看法为主。管理者不要急着向员工探求答案，而要尽可能多地了解事实，了解更多的信息，并做好自我消化的工作，组织员工表达出来的内容，得到新的信息。

管理者在使用启发式询问时，要把握好时机。古人云：“不愤不启，不悱不发。”也就是说“不到他努力想弄明白而不得的程度不要去开导他；不到他心里明白却不能完善表达出来的程度不要去启发他”。好的启发时机如下：

一是当员工想要解决他的问题时，这时员工会有强烈的解决问题的渴望，动力充足，也会更集中于管理者的提问，希望能得到新的思路。

相反，当员工并没有强烈渴望去解决他的问题时，无法集中于管理者的提问。

二是员工“有心而力不足”，陷入困顿已久却找不到出路时。这时管理者的沟通就如雪中送炭，积极地帮助员工指点迷津，使提问积极有效，顺利地推动问题得以解决。

（4）多使用探寻性提问

探寻性提问能够引导员工自己去寻找答案，从而更好地解决问题。常用的提问方式有：“如果这些困难都能得以解决，接下来你会做什么？”“你以前遇到过这样的情况吗？都是怎么解决的？”“如果你所担心的情况都不存在了，你有什么样的想法？”等。

这种提问方式，能够让员工发挥出更多的可能性，克服内心的障碍，树立自信，推进工作的开展。

管理者在使用探寻性提问时，要注意从以下五个方向出发：

一是正面。指开门见山，而不是遮遮掩掩的。管理者在引导员工找答案时，需要建立积极的态度，不要拐弯抹角、顾左右而言他，否则不利于解决问题。

二是前进。指能够推动问题向前发展，而不是阻碍问题得以解决；如“你打算如何推进目标呢”？

三是激励。指管理者在提问的时候，需要进行积极的、鼓励的、带有支持性的引导，以物质或精神激励让员工有克服困难的勇气和信心。例如，管理者提问：“目标达成之后，你想要得到什么样的奖赏呢？”

四是可能性。指管理者的提问能够帮助员工获得更多的解决问题的思路和方向，而不是堵塞思路。例如，管理者对员工说：“你想一下，凡事至少有三个解决办法，这个也不例外。你认为呢？”

五是宣言。指提问能够按照“计划、行动、结果”展开，解决问题，指向结果，获得最终胜利。

教练式管理者因为懂得如何提问，所以能帮助解决实际问题、迅速引起员工思考、发掘员工的潜能，并激发员工的执行力，从而加速解决问题。

4.区分能力：从假象中看到事实

在团队教练能力模型中，有一种很重要的模型——区分能力，它是教练技术的核心技能。在教练式沟通中，管理者使用区分技术，是为了帮助员工厘清事实与个人演绎，反映真相，进而帮助员工洞悉自己的心态、信念和模式，突破障碍，把注意力聚焦在目标上而不是障碍上，从而看到更多的可能性。

管理者在帮助员工区分时，要区分以下四个重点。这里列举一个案例帮助理解：

一个员工总是不能如期完成任务，他对此解释为："真是不好意思，工作难度大，在完成工作的过程中又遇到了些问题，时间又把握得不好，我下次不会了。"

事实：员工没有如期完成任务。

演绎：工作难度大，遇到新的问题，时间把握得不好。

管理者要使用区分能力，从假象中看到事实，要做好以下工作，以顺利解决问题：

一是帮助员工区分事实与演绎。

事实可以是听到的、看见的、说出口的，但真相只有一个；演绎往往在逻辑的规则运行下，推导出另一命题的过程，有时会曲解事情的真相。

案例中的事实：员工没有如期完成任务；演绎：工作难度大，遇到新的问题，时间把握得不好。在这其中，管理者要去除员工的演绎，和员工共同看清现实，即工作确实没有如期完成。演绎或许是真相的一部分，但不能替代真相而推卸责任。

二是帮助员工区分能力和意愿。

其中能力是员工能做成并做好的事情，而意愿则是员工想做但受现实情况限制而不能做成的事情，即“工作能力”和“计划性”。其中员工的意愿是能如期完成任务，但能力受限，最终没能如期完成。

三是帮助员工区分问题的根源，找出真正的答案。

解决问题不是解决问题的表面，而是要找到源头，帮助员工认清自己，而不是直接指导员工解决问题。管理者使用区分技术时很重要的一点就是让员工看到自身的原因，将焦点放在解决问题上，而不是推卸责任、寻找借口。

相反，要区分问题的根源，找出真正的答案。案例中问题的根源是“工作能力差”和“计划性不强”“爱拖拉”，管理者在区分之后需要让员工清楚地认识到导致任务不能如期完成的最终原因，并加以改正。

四是帮助员工区分达成目标的关键点。

不少员工在完成工作时，会抓错重点、偏离方向，管理者需要帮助员工区分达成目标的关键点和非关键点。这就需要管理者帮助员工区分在完成这项任务时，有哪些关键点是对任务的最终完成起决定作用的。例如，制订良好的工作计划和工作部署，严格按照进度表要求完成。

除了需要了解区分的四个关键点，管理者还需要掌握一定的区分技术来帮助自己提升区分能力：

（1）逻辑思维

逻辑思维是美国著名的NLP大师罗伯特·迪尔茨在20世纪80年代发展出的一套行为改善技巧，他将人的心理—行为结构分为六个层次，从下到上依次是：环境、行为、能力、信念与价值观、身份和精神，层层递进。一般来说，越是上层思维，越对人的行为产生重大的影响。

举个例子，员工心生焦虑，总是无法攻克这个难度很大的策划案。

环境：这不是他的错，他已经很努力了，确实这个策划案很不好做；

行为：他只是这个策划案没发挥好，一时没能想到非常合适的解决办法；

能力：他在策划方面还需要提升；

信念：最终能否真正做到完美也不算很重要，重要的是他要挑战自己，突破这一内心障碍；

身份：他可能不太适合做策划工作，思维不够灵活。（这一层次已经指向了他是一个什么样的人）

管理者在面对员工的问题时，需要按照这六个层次对员工行为进行区分，进而找到问题的关键点和核心，并施以指导，要支持员工、引导员工提升迁善心态，激发其潜能，让员工突破自我，发挥出更大的优势。

（2）乔·哈里视窗

这个理论最初是由美国著名管理学家乔瑟夫·勒夫和哈里·英格拉姆在20世纪50年代共同提出的。这一理论将人际沟通的信息比作一个窗子，由四部分构成：公开区、盲目区、隐秘区、潜能区。

管理者要帮助员工区分这四个区域。

公开区：员工自己知道，管理者也知道的信息。例如，员工的爱好。

盲目区：员工不知道但管理者知道的信息。例如，员工个性上的缺点和坏习惯。

隐秘区：管理者不知道但员工自己知道的秘密。例如，员工的心愿。这就要管理者多与员工进行深度沟通，能够从员工话语中听到说话人背后的真实想法和意图。

潜能区：员工和管理者都不知道的信息。这部分信息的发现需要机缘，管理者要不断地给予员工尝试的机会，相信员工的潜能，多创造更多的可能性。

管理者在和员工交流的时候，需要扩大公开区、揭明隐秘区、不断减少盲目区、激发潜能区，让沟通成为挖掘更多有价值的信息的重要途径，从而激励员工发挥出更多的潜能和优势，不断超越自己。

（3）上推下切平移

“上推”是将谈话内容的焦点放大、视野放宽，引发对方在一个更宽、更广、更好的范围内进行思考；“下切”是指把对方谈话的内容范围缩小，使对方能聚焦具体的问题和行动目标，即具体化；“平移”是引发对方看到能够达成同样目的的更多可能性，即相关延伸。

举个例子。员工在工作中出现了障碍，难以继续执行任务。

管理者在与员工沟通的时候，首先说“曾经有人也遇到过这个障碍，他最终是怎么克服的”（寻找共同案例），进而使用“上推下切平移”技巧，即通过“上推”找到彼此的共同之处，就某个点达成共识（即双方的问题点是相同的）；然后根据这个点，再“平移”找出其他的可能性；进而在此基础上，再用“下切”的方法找到具体方案，从而解决问题。

5.回应能力：探索与说服

在团队教练能力模型中，回应能力是最具难度和挑战性的能力。相对于察觉能力、倾听能力、发问能力等主动性质的能力模型，回应能力模型

需要管理者面对员工的提问和质疑，来表达自身的观点与立场，引导对方，提高对方的迁善能力。

在教练式沟通中，回应能力是一种强有力的激励方法，能够让被教练者清楚自身的实力和弱点，了解到他们想做的和实际所做的差异，也能通过回应与被教练者建立一个坦诚的、信任的关系，进而进行探索和说服，帮助员工打开局面，推动工作成果。

回应是一种能力，但往往有不少管理者缺乏这种能力，常常不敢回应或者不知道如何回应，或者在回应之后还是没能达到预期的效果，员工不仅不接受，甚至还产生抗拒、抵触的情绪。

而真正的回应是管理者要贡献自己的体验，在回应的时候，不要以自身为出发点来回应员工，也就是说，管理者的回应是要为员工服务的，而不是以自己的利益为需求，让员工去符合自己的要求。

因此在回应的时候，管理者需要时刻注意焦点是否在自己身上。具体来说，管理者在教练式沟通中，需要掌握以下几点：

（1）真诚、支持性的态度

管理者需要以真诚、支持性的态度给予回应，在回应时需要与对方建立情感联系，营造平等、自由、开放的沟通氛围，让员工愿意亲近，并与之交流，而不是批评与指责。管理者要把焦点放在员工身上再表达自己的想法，回应的出发点是支持和帮助对方，以使对方做出最好的调整，但又不是直接帮助员工做出决定。

管理者在回应时，就像是员工的一面镜子，你不能决定员工该如何穿扮，但你可以让员工意识到如何穿扮才为最佳，如何调整能够达到更为理想的效果。

如果管理者在回应的时候能够做到真诚、鼓励，那么回应更容易在员工身上产生效果，更能为员工所接受，也更能让员工感受到管理者那颗想要奉献的心。

（2）多种方式回应

管理者在回应的时候，不需要拘泥于某一种形式的回应。语言是一种回应，行为、状态、眼神甚至沉默、愤怒等，都是一种回应。管理者在回应的时候，需要依据员工的状态选择恰当的回应方式。例如，当员工不敢挑战困难的任务时，管理者坚定的眼神也是一种回应。

同时，管理者在回应的时候，需要把焦点放在员工身上，在这个过程中要贡献我的体验；而不是把焦点放在自己身上，让员工按照自己的想法行事，只是为了证明自己是对的，员工是错的。无论以哪种方式回应，管理者都要以员工的感受和体验为主。

（3）探索可能性和说服

在教练式沟通中，管理者需要通过回应帮助员工探索到更多的可能性，进而实现说服，让员工突破自我，发掘出潜能。例如，当员工工作出现障碍时，管理者可以这样回应："你过去有做过类似的任务吗？即便你从来都没有做过，你照样能做得很好""是什么让你认为你做不成功"等，动摇员工不自信的信念。

同时，管理者还可以使用"脱困法"来回应，例如：

"你说你做不好，意思是到目前为止你还没能做到吗？（以前没做到，不代表永远都做不到）"

"如果你刚刚所说的那些障碍和困难都消失不见了，你能做到什么？"

"这对你来说，确实是一个挑战，但是我相信你能做成。"（将"挑战"代替"做不成"）等，让员工进一步探索，积极发挥主观能动性。

（4）回应要明确、具体、平均、及时

明确主要指的是回应的内容应该是具体的、相对准确的，而非笼统的、模糊的，避免使用"你应该……""你最好……""你这样是不对的……"等回答。

因此，如果管理者在回应时陷入困惑，只会让对方产生不真实、虚假的感觉，反而陷入慌乱之中。

回应要具体，指管理者在回应时要“言之有物”，回应的内容要具有指导意义，且切实可行。

回应要平均，指管理者的回应要反映综合性的真实状况，而不仅仅是负面的，同时还要肯定员工的动机。

回应要及时，要在员工提出问题的第一时间就进行回应。回应越及时，效果越好。例如，管理者在和员工沟通时，员工提出了自己对工作中某一项内容的困惑，管理者要立即作出回应，并切实地与员工展开讨论，如果在沟通结束后再回应，会大大降低回应效果。

（5）发现回应无效时，及时审视自我

管理者在回应的时候，可能会引起员工的“不良反应”，如员工产生不理解、不接受等负面信号，管理者这时如果采用不理会、不解释、指责、否定、不及时回应等方式，就是不合时宜的。

正确的做法是，管理者要冷静，不能让员工的负面情绪影响到自己，此时可以这样向员工表达“你先想一想，当然这只是我个人的看法”“我刚才回应的哪一部分让你感觉不理解呢”等，对员工行为予以包容。

同时，管理者也需要及时检查、审视自我，反思一下是否忽略了某些问题，是否在回应中有打击、发泄、讽刺的意味，从自己身上寻找错误的根源，以便做出相应的调整和改进。

6.语言能力：口头表达与肢体语言

语言能力在沟通中发挥重要作用。如果管理者有着高超的语言能力，那就极容易感染员工，达到自己的预期目的。在教练式沟通中，管理者需要提高自己的语言能力，通过口头表达与肢体语言，加强沟通的效果。

美国心理学家艾伯特·梅拉比安有一个著名的公式，即信息的全部表达 =7% 的语调 +38% 的话语 +55% 的肢体语言。也就是说，人与人在沟通过程中，45% 是靠你的语言，而剩下的 55% 完全靠的是你的肢体语言。

肢体语言能够传达出很多语言不能传达的信息，通常能够传达出说话人的真实情感。因此，管理者在和员工沟通时，不光要会“听”，还要会“看”，更重要的是，管理者还需要提高自己的语言能力，即注意自己的口头表达和肢体动作，增强效果。

具体来说，要做好以下工作：

（1）正确表达

管理者在与员工沟通的时候，需要正确地表达自己的观点，以使自己的初心和发心能够为员工所理解、接受。管理者在表达的时候，语言要富有感染力，轻松幽默，善于使用小故事、笑话等技巧增强自己的表达效果。

同时，使用正面的肢体语言来表达自己，给员工传达出正面的、积极的情感与帮助。如前文所述，管理者在与员工沟通的时候，不要做出抱着双臂、跷着二郎腿、面容严肃、目空一切等负面肢体动作，这些动作传达出的语言都是消极的，对对方产生抵触、防卫的心理，会给员工造成心理压力，也就达不到预期效果。

相反，管理者应该打开双臂，身体微微前倾、面带微笑，并与对方造成目光接触，眼神传递温暖和善意，让员工感受到你正耐心听他说话并富有兴趣。同时，在听员工表达的时候，不要做出一些如抖腿、摆弄手指、拨弄头发等小动作，会让说话人感到你的不耐烦、焦躁等情绪，说话人也因此没心情再继续说下去，造成沟通失效。

（2）正确识别

管理者不仅需要控制好自己的口头表达和肢体动作，还需要观察到员工的口头表达和肢体语言，从员工说话的语调、目光、微表情、身体动作等方面解读更多的信息，进而调整好自己的口头表达和肢体语言，提升相互间的表达效果。具体来说，有以下几种：

1）员工不断地摩擦着自己的手掌或者捏着自己的手指

说明员工此刻情绪较为浮躁。管理者在了解到这背后的心理原因后，要适时地结束话题或转移到别的话题上，而不是自顾自地继续说下去。

2）员工双手撑着桌子或手指挡着嘴巴

说明员工有意见想要表达，这时管理者需要照顾到员工的情绪，可以面带微笑、身体前倾，向员工表现出理解与友好，做出“你现在想补充点什么吗”等表达，富有耐心地将话语权交给员工。

3）员工不断揉着鼻子或抿紧嘴巴

说明员工此刻内心焦虑，对你表达的内容存在误解或没能对你给予足够的信任。这时，管理者需要反思自己的表达，确认自己是否说出了引起员工内心不适的言语。最好的解决方式是，管理者停下表达，并耐心询问员工：“我刚刚的表达，有什么让你产生误解的地方吗？”缓解员工的焦虑和压力感，让员工对此次沟通有着充足的信任。

（3）提高自己的语言能力

管理者在了解到各种语言表达和肢体动作背后的信息后，与员工沟通的时候，除了正确表达自己以及根据员工表现调整自己语言表达和肢体动作之外，管理者还需要提高自己的语言能力，即提高自己的口语表达和肢体语言能力。

当然，这不是一朝一夕就能练就的，但管理者可以在平时多加锻炼。如果管理者与员工沟通的时候，一味地长篇大论，全程灌输道理，只会让员工想尽快结束沟通。

一是借助一些小技巧，例如“接下来我主要说三点，第一点……；第二点……”等，而列举三点也不是简单地表达三点，可以遵循“是什么、为什么、怎么做”“过去、现在、未来”等思路展开。既让员工有方向感，又有目的感。

二是管理者在表达时，多使用幽默、轻松的语言，能够将自己想表达的话语用小故事的方式表达出来，既让员工印象深刻，又能使其得到启示。

三是表达多建立在对方视角或共同视角上，既能让员工更好地理解其中内涵，共情地聆听，又能积极地在其中达成共识，建立信任。同时，当管理者能够用员工熟悉的语言去沟通时，员工就会记住你的话语；当管理者用了员工专属于他自己的方式，员工就会把你记在心里，效果倍增。

第3章 教练对话：如何联结深层次沟通

深层次沟通需要管理者进入员工的信念系统中，了解对方的内心规则，并保持中立，激发对方更多的投入。

1.创造情绪，建立教练关系

很多管理者在和员工沟通的时候，往往因为无法积极创造情绪，所以导致双方总是不能进入教练氛围中，建立起教练关系，也无法充分发挥出教练技术的优势。

教练式管理者想要与员工联结深层次沟通，就要会听“情绪”，因为情绪往往带着人内心最真实的情感，而且情绪伴随着人每分每秒，无时无刻不在传递着信息。

因此，管理者和员工建立深层次沟通的第一步，就是创造情绪，建立教练关系，使沟通能够有效地进行。

那么，在教练式沟通中，管理者如何创造情绪，建立教练关系呢？

（1）忘我

管理者在和员工建立深层次沟通的时候，需要进入忘我的状态。

一是忘记自己是领导的身份，转换为教练身份。当员工和管理者建立教练关系时，双方间就不存在利益关系，只剩下贡献与辅导的关系。同时，管理者还需要放下自身的情绪，如焦虑、回避等消极情绪，去创造更为积极的情绪。

二是不仅精神上要达到忘我的状态，身体上也要进入状态。虽然管理者精神上想要建立与员工深层次的沟通，但是如果行为上懒散消沉，也会导致无法创造情绪，引导员工进入教练氛围中。在身体行为上也要做好充足的准备，让身体进入忘我状态，创造情绪，使氛围更具有情绪感染力，引人入胜。

三是管理者要积极创造情绪张力，不要执着于固有的习惯、思维和信念等。积极建立开放包容的心态，从而扩大彼此舒适区域的能力。

（2）专心

当一个人能够专心地聆听别人说话的时候，说话人的情绪会趋于平缓，他不再需要将自己的注意力放在如何将对方引入自己话语上，也不再焦虑对方是否认真在听，他会自觉进入一种安静而有力量的情绪中，耐心地表达完自己想说的内容，使自己的表达也更有条理性，更详细。

一是要求管理者将自己的注意力专注于员工身上，要抛开判断，聆听员工的全部。

二是管理者要不断创造、扩大情绪空间，不能因为员工的一句话、一个眼神就心生反感或抵触心理，而要给予员工更大的情绪空间。

三是在聆听员工表达的时候，管理者要做到十足的专注，让员工感受到自己的真诚与尊重。这样更容易建立起教练关系，也能使双方积极地表达出自己的观点和想法。

（3）求知

管理者不仅要耐心地将注意力放在员工身上，还需要对员工传递出来的信息表示出好奇心，即有强烈的想法，想要去了解对方说出这些话的出发点在哪里。例如，管理者可以说“我想听听你的想法”“我很感兴趣你对这件事情怎么看”等，需要建立求知的心态，表现出对员工一切都很关注和感兴趣的心理，让员工产生信赖，积极表达出真实的想法和意图。

我们不妨试想一下，当别人对你的表达很感兴趣，并以一种求知的心理向你提出问题时，你是什么感受？你一定会特别有成就感，而且会特别乐意把自己的想法表达出来。

（4）开放

创造情绪，建立教练关系，还需要建立开放的心态。管理者在建立深层次沟通时，其实也是一个与自己对话的过程。管理者既需要向外（看员工）看，又要向内（自己）看，建立开放的心态。

如果管理者钻自己或员工的牛角尖，例如，当管理者询问员工意见或想法的时候，员工说“我不知道”“我也不太清楚”，管理者会因此心生厌弃，认为员工在搪塞自己，那么管理者无法在教练关系中建立正确的心态，创造情绪，自然也就达不到深度沟通的效果。

健康积极的教练关系，其实是一个站在对方的角度来理解自己的机会，既能积极地贡献自己的想法和经验，帮助员工获得成长，同时管理者在这其中又能体会到喜悦与成长。因此，管理者在聆听员工的时候，要做到坦率、真诚、开放，创造积极的情绪，让双方都能在这段教练关系中获得突破。

有一位警长在路上遇到一位每天上午十点钟都会去教堂祷告的教士。

这天警长明知教士要去做什么，还故意问：“你去哪儿？”

教士回答道：“我不知道。”这句回答让警长恼羞成怒：“你明明就是去教堂祷告，为什么却说‘不知道’呢？”

于是警长派人将这位教士抓到了牢房里。

教士在牢房对警长说：“你看我真的是不知道，我哪里知道在去教堂的路上会被你关进牢房！”

其实，情商高的人不会因为对方的“反驳”就心生愤怒，甚至采取消极的措施。管理者在和员工相处的时候，就需要建立开放的心态，允许对方说“不知道”。

同时，管理者不要基于讽刺、抵触等心理去问明确知道的问题，因为这可能会引起员工消极的情绪，产生对抗。

2.保持教练的中立，接纳一切

在教练式沟通中，出色的教练会保持教练的中立，接纳一切。在一个团队管理中，员工性格各异，也各有各的工作方式。如果管理者总是将自己的想法或观念强加在员工身上，希望员工能够按照自己的标准去行事，那么使用再多教练技术也是无益的。

如果管理者在教练员工时，还把自己看成是一个领导者，自然无法心平气和地保持中立。也就是说，管理者要规避干扰自己中立的角色，站在客观中立的角度和立场看待员工的行为，使教练效果更佳。

（1）教练不是领导者

教练不是领导者。领导者是给出意见和鼓励的人，往往善于指挥别人如何做，以权力压人，以自己的想法为准，一味地让员工服从自己。但这并不是教练者教练员工的初衷。教练是激励人获得成功，而不是指挥人获得成果。教练不会把自己桎梏于领导者的角色，他会以平等、开放的心态去与员工交流，客观中立地看待员工身上所发生的一切行为，接纳员工的一切。

（2）教练不是顾问

顾问扮演着给予意见的角色，但是教练式管理者并不会直接给你提供解决措施，指导你切实的行动，而会支持并引导你自发、主动寻找潜藏在你心底的答案，寻找的过程都是由自己独立完成的。

教练会支持你在寻找时的一切行为，他不会去判断答案的对错，只要这结果适合你，能够挖掘你的潜能，他就会支持你，也就是说，一切由你决定。每一个教练者都相信运动员自己的感受是最直接的，他要做的就是相信并支持他的运动员。

（3）教练不是辅导者

辅导者往往在人陷入困境时，能够给予对方建议和指导，他会直接去告知别人如何做，直接帮助对方解决问题。辅导者在帮助对方的过程中，往往会加入自己的情绪和想法，而这些都不利于员工潜能的发挥。但教练者不会直接给出他的建议和意见，而是充分发挥他人的迁善能力。

（4）教练是一面镜子

教练是员工的一面镜子，镜子不具有改变员工的功能，但是可以让员工从镜子中看到自己的全貌，了解自己哪里存在“污渍”、哪里穿戴不整齐，进而调整自己的行为。在这个过程中，教练就需要保持中立的立场，让员工看见自己的盲点，看到更多的可能性和成长的空间，接纳员工的一切，而不是直接告知员工需要如何做出调整，并帮员工做出决定。

简单来说，管理者不会直接给出建议，而会最大限度地让员工发挥出他自身的潜能和创造力。例如，当员工工作出现障碍与你沟通时，你无须直接告诉员工答案，而是要引导员工思考，为什么工作出现障碍，让员工看到问题背后的原因。

（5）教练是一枚指南针

指南针的作用就是帮助人辨别方向。教练在沟通的过程中，就是要发挥“指南针”的作用，帮助员工找到正确的方向。就好比在一片茂密的森林里，管理者并不会直接告诉员工如何走出去，而会给员工指明方向，至于如何走出去，由员工去自主创造。

（6）教练是雕塑师

设计师有一种能力，能够将每一块材料发挥到极致，充分释放出材料诡谲璀璨的一面。教练式管理者就像是伟大的雕塑师一样，他会接纳员工的一切，即便身上存有欠缺之处，也会根据每块材料的特性雕刻出完美的艺术品。

但教练式管理者并不认为是自己赋予了这光彩的一切，他相信每个伟大的创造都来自于材料本身的独特质地，他只是帮助材料发挥出它应有的光彩而已。每个人的性格、习惯、爱好等都有所不同，而管理者不能以自己的标准去要求别人，只能在这其中接纳一切行为，并帮助他们。

（7）教练是一把钥匙

钥匙能够解开难题。一方面，管理者使用钥匙就像打开了“潘多拉魔盒”，能够看到员工更多的潜能；另一方面，管理者可以打开凌驾于员工精神、身体和心灵上的枷锁，打破员工对失败的恐惧，对未知事物的抗拒。

有一个一英里（约 1.6 公里）赛跑的故事。

当第一位职业运动员全力跑完之后，用时四分钟。于是全世界的运动专家、生理学家都认为：四分钟跑完一英里是人的极限，不可能再有人突破这个极限了。

但是这时有一位教练，他并没有多言，用并不复杂的方法，帮助一位业余运动员突破了这个极限。

首先这位教练把一英里分成八等份，并且根据选手的体能，计划好在每一等份需要用的时间和体力安排。

于是这位教练在每等份处都安排了一个教练，把比赛情况报告给参加比赛的运动员。

“太快了，慢一些”“跑慢了，该冲刺了”……就这样，运动员在每一等份处教练的安排下，很快就顺利到达了终点，并突破了极限。

而突破专家口中“极限”的是一位医学院学生。

这就是教练式辅导员的价值，会帮助员工挖掘潜能，获得成功。教练就像是员工的一把钥匙，在他眼里，每一位员工都像是潘多拉魔盒里的宝物，都有着无限的潜能。只要使用合适的技巧，每一位员工都能实现突破。

3.了解对方的内心规则

在团队管理中，管理者在与员工联结深层次沟通时，会发现员工经常面无表情，无法引起员工的感触，或者会发现员工只是面上应承，实际行为还如往常一样等现象。为什么会出现如此现象？这是因为管理者不了解员工的内心规则。

案例：

管理者了解到员工小王的办事风格是追求完美主义，凡事都要追求完美，认为完美即一切。在工作中追求完美确实是好事，但是小王又陷入了另一个极端，即对和他一起工作的同事很苛刻，负面结果直接导致了任务的失败。

管理者在了解到小王“追求完美、苛责于人”的内心规则之后，与之沟通：

“你在工作上向来追求完美，做出的工作也很漂亮，这很棒。”

小王点头：“这是我应该做的。”

管理者接着说：“你觉得工作是一个人的事情还是整个团队共同的目

标呢？一个好的团队要发挥出 1+1>2 的效果。同事们都说跟你一起工作很有安全感，彼此能够往一个高目标眺望。完成目标的过程是辛苦的，双方都希望能够寻求更多的理解。”

“我也是为了团队好……”

管理者笑了笑，表示理解：“正是因为体谅到你的这份心意，所以其他同事并没有说什么。但理解是相互的，是不是呢？就像你希望他们懂你一样，他们也需要你的理解，对吧？”

小王认同：“嗯，确实，人是要换位思考的。我理解了。”

管理者说：“这很好，你的同事在说起你时，都在说你的优点，我也深知你的优点和为团队做出的努力，所以团队有了你们才会越来越好。”

每个人心中都有属于自己的一套内心规则，而人的行为和表现也会按照内心的规则行事。如果你不了解他的内心规则，你的沟通就无法真正走入员工的内心，就无法建立起深层次的沟通。而每一个员工又有着不同的内心规则。

管理者如果只是强行在员工内心上建立沟通，而不了解员工的内心规则的话，那么员工就很容易对沟通形成排斥心理。从另一个层面来说，这种方式也剥夺了员工思考、判断和选择的机会，阻碍其内心责任感和进取心的建立。

内心规则是指发自内心的、以规则为自己行动准绳的意识。通常与员工的信念系统有关。

举个例子，员工在工作中建立的内心系统是，要严格自律，尽最大能力将本职工作做得出色。

如果管理者认为员工工作马虎、细节处理不强，可能就与员工的内心规则相冲突。

因为员工觉得自己的辛苦付出付诸流水，不能为管理者所理解。

因此在与员工教练的时候，就会心生缝隙，管理者说再多也无法进入对方的内心系统中。

而要改变这种情况，管理者需要了解构成员工内心规则的要素有哪些，受哪些因素影响。员工的内心规则有着诸多要素，具体来说，由以下几点组成：

（1）信念系统

每个人都会有"信念、价值、规条"，这些与员工内心规则的形成密切相关。了解信念系统是一个漫长的过程，而且不同的个体的信念系统存在很大的差异，需要管理者细心去了解。

（2）情绪

人每时每刻都有情绪，一个人的情绪能够传递出很多内容。管理者可以从员工的情绪中，了解员工的内心规则。当员工情绪比较波动时，管理者可以猜测出员工对这部分沟通的内容比较在意，进而分析员工此时的情绪波动是消极的还是积极的。

（3）需求与实现

美国著名心理学家马斯洛将人的需求分为五种，分别是生理需求、安全需求、社交需求、尊重需求和自我实现需求。而处于不同层次的员工，他们因为需求不同，所以内心规则也不尽相同。

例如，当员工工作是为了满足自我实现的需求时，那么员工希望自己能够在事业上做出一番成绩。如果管理者总是从安全需求、社会需求等方面与员工进行沟通的话，会让员工觉得管理者不懂他。

（4）个性

一个人的个性对内心规则的形成有着重要的影响。拥有不同个性的员工在面对同一事件时，会有不同的反应。一般来说，个性内向的员工较为隐忍，个性外向的员工更为坦率。

管理者要想跟员工联结深层次沟通，就需要了解对方的心理规则。具体来说，管理者可以遵循以下几种方法来了解员工的内心规则：

（1）启发式询问

管理者在跟员工沟通的时候，可以巧妙地通过启发式询问，并有针对性地聆听员工的回答，了解员工对某事的看法，而不是贸然评价。

启发式询问要遵循5W1H原则，即谁（Who）、何地（Where）、何时（When）、做什么（What）、为什么做（Why）、如何做（How）。管理者在进行启发式询问的时候，要注意接收员工表达出来的信息，并从这些信息中分析出员工的内心规则，再由此展开深层次的沟通。

（2）情感共振

人是感性的动物，要想了解一个人的内心规则，必然需要与员工建立起情感共振。建立情感共振首先需要管理者站在对方的角度上思考问题，把自己想象成员工，设身处地地了解员工当时的心情和状态，进而了解员工的内心想法。此外，要积极与对方真诚沟通，让员工感受到你的真心，进而对你产生信任。

在交流的过程中，为了建立情感共振，了解对方的内心规则，管理者可以和员工交流双方都感兴趣的话题，营造轻松活跃的氛围，让谈话能够顺利地进入深层次的沟通中。

（3）观察员工

一是管理者在和员工沟通的时候，可以多多留意员工的穿着打扮。通常，一个人的性格和内心规则能够从穿着上泄露一些信息。一般来说，性格谨慎、保守的人在穿衣风格上偏保守，个性也偏内向。

二是管理者还可以从员工的动作、表情和姿态了解员工的想法，管理者还可以进一步从员工说话的语调、语速等了解员工的想法，进而“看菜下饭，看人说话”，顺其自然地引导员工进入深层次的沟通中。

三是从员工的谈吐来了解员工的内心规则。员工的谈吐能够体现出他的人生观、价值观、世界观。管理者需要多注意员工在表达什么，为什么会这样表达，背后的话语隐藏着哪些深刻的含义，进而了解员工的内心规则，并相应地根据自己所掌握的情况选择或调整适当的方式与员工继续沟通。

除此之外，管理者还可以从员工的眼神中解读出更多的内心，如果员工眼神木讷，没有神采，管理者可以判断出员工对此内容没有多大兴趣。

4.设框换框：转变信念

设框换框是指用新的思维方式（信念和价值观）去看待自己所面临的问题，重塑价值观。人们脱离自己原先的思维模式、思想境界和层次越开阔，看待问题的方式也就越深刻，进而影响现实中的行为，获得更好的发展和突破。

举个例子，管理者在与员工沟通的时候，询问员工："××，最近怎么样？"

员工回答："其实都还好，工作难度比较大，工作量也不小，所以每天还挺忙累的。"

管理者回答："我看你每天任务完成得都蛮好的，能力大有提升。每一天也都过得很有价值。"

在这个案例里，员工口中的"忙累"被管理者转化为"能力、价值"，会让员工找到积极、正能量的感觉。管理者通过设框换框的方法改变了员工的信念。

在教练式管理中，管理者如果将设框换框法应用到沟通中，会给员工带来好的影响和感受，进而让员工转变为更为积极的信念。首先，我们需要了解几种换框法。

（1）意义换框法

意义换框法，简言之，就是从负面事物中找出正面的意义。它表达的核心观点是，我们看待事物的方式，完全受我们意识的影响。它既包含正面的意义，又包含负面的意义，而正、负面意义哪个占据主导地位，是由我们自己控制的。

例如，“工作遇到障碍或挑战”换框为“这又是一次提升我能力的好机会”。

“我总是无法完成我的工作”换框为“你比上一次已经进步很多了，如果再继续努力，我相信你会创造出更好的成绩”等。

这样就可以将消极、负面的事情经过换框法转变成正能量、具有积极性的事情。

（2）内容换框法

内容换框法是指在本身话语内容的基础上进一步思考，思索是否有其他的含义，进而激发正能量。

例如，员工说“我没什么经验”，管理者需要进一步将其引申为“说明你可塑性很强，更容易吸收新知识”。

“我性格有些急躁”转换为“你决断力很强”等。

内容换框法能够将员工的“缺点”变成“优点”，让员工能够感受到管理者的真诚与信任、鼓励与赞许，从而以更积极的心态与管理者沟通，在工作中做出改变。

（3）环境换框法

环境换框法是指管理者要积极地看到事物的两面性，将员工的缺点“换”到另外一种环境中变为优点。

例如，员工说“我上班的时候，有时总叽叽喳喳的”，管理者这时换框为“你这样会活跃气氛，如果大家都很安静，办公氛围沉闷，也未必是好事”。

“我思维太过活跃”换框为“如果你做策划工作，我相信你会很有想法的”等。

将员工的状态转化到另外一种环境中去发光发热，给予员工信心与鼓励，发挥出更大的潜能。

（4）两者兼得法

俗话说“鱼和熊掌不可兼得”。但在教练式沟通中，这并不是不可能的事情。两者兼得法其实也属于意义换框法，管理者需要让员工舍弃“两者只取之一”的做法，思考“如果两者兼得，那么我做什么能够实现它呢”。

例如，员工跟你抱怨说：“每天工作都这么忙，压根儿挤不出时间学习。”

管理者使用换框法转化为：“就是因为忙，所以更要学习，以找到更加有效的工作方法，帮助你从忙累的工作中解脱出来。”

经过管理者这样转化信念，会让员工发现更多的可能性，从而以更积极的心态去面对现实问题，并获得发展。

在教练式沟通中，管理者如何应用设框换框法帮助员工转变信念，从而以正向积极的心态去渡过现实中的难关？一般来说，管理者应用换框法的时候需要注意以下几点：

（1）焦点放在积极心态上

管理者在使用设框换框法与员工进行沟通时，需要将焦点关注在积极心态上，将员工认为的负面的、没有价值的东西，转化为对现实有实际帮助的东西。

例如，员工说："不知道为什么，我在完成工作时，总是心有余而力不足，感觉只使出了七分力，我应该是能力不足吧？"

如果管理者说："对啊，为什么会出现这样的状态呢？"

这种回应只会让员工心生沮丧，在工作中更为消极和沉闷。

相反，如果管理者通过设框换框法，对员工这样说："你有这样的想法，说明你对工作十分有责任心，对自己也有要求。你如果在 ×× 上做出一定的调整，我相信你会表现得更加出色。"

（2）赋予事物正面积极的意义

任何事物都有两面性。在教练式沟通中，管理者喜欢将所有事情都赋予正面积极的意义，目的是让员工保持积极的心态，相信自己能够克服工作中的困难，进而挖掘员工的潜能，帮助员工创造出巨大的价值。

因此，管理者在使用设框换框法与员工沟通时，就需要从员工口中的事实中，找到合适的环境、合适的内容、合适的意义予以转换，让员工从缺陷中看到优点，从局限中看到发展的可能，突破困境，看到事情中积极的一面，从而获得巨大能量。

5.有力提问，激发对方更多投入

管理者在与员工沟通的时候，会出现员工心不在焉、抵触、难以共情等现象，导致迟迟无法进入深层次的沟通中。而要改变这一现象，就需要管理者能够有力提问，激发对方更多的投入。

在教练式沟通中，管理者需要借助强有力的教练问题，来帮助自己提高发问的能力，引起员工的关注。首先，我们来了解一下管理者在与员工沟通的时候，需要问出哪些强有力的问题，以激发员工投入更多的热情和关注。

①你的需求是什么，你最想要的是什么？

这是教练问题的第一个问题，是了解员工的起始阶段。管理者需要了解员工的真实想法和动机，并抱着真诚的态度去了解这一切，让员工感受到管理者有意倾听并有意解决接下来的问题。

②你想要做的事情能为你带来什么？

管理者在与员工沟通的时候，需要明确地向员工提问，让员工知道自己所做的事情能够给自己带来的价值，进而更有动力地去完成接下来的工作，也更有兴趣去聆听管理者的表达。

③你是如何得知你的目标的（或你想要的）？

这一问题则是帮助员工察觉到，在什么时候或者是受到什么外在环境或动机的刺激，从而激发了内在渴望，使你想要实现目标或得到你所渴望的，引导员工陷入回忆、想象中，能顺其自然地与员工展开深层次的沟通。

同时，管理者在询问这个问题之后，表现出对员工目标的由来和想法很感兴趣，并乐于倾听，会极大地激发对方更多的投入。

④你如何关注你的目标？

有了需求就想要去满足。管理者可以通过询问这一问题，成功地激发员工对实现目标的强烈愿望，使员工将焦点放在实现目标上。

⑤你想在什么时间、地点、和谁一起来完成这个目标？

这一问题则是帮助员工更加确定自己实现目标的欲望，一旦确定了时间、地点、任务，员工就会迫切地去达成目标。

⑥在你达成目标的过程中，会有哪些障碍？

这一问题则是帮助员工回归到现实中，了解自己在实现目标的过程中，可能会存在哪些障碍和困难。让员工有预期心理，并帮助员工分析出可控因素和不可控因素。

⑦达成目标后，会对你产生什么影响？

这一问题则是帮助员工意识到目标达成的重要性，因为员工可能会受到各种阻碍的影响，会削弱自己想要实现目标的决心。管理者通过这一询问会激发起员工实现目标的动力和决心，使员工拥有强大的信心去实现目标。

管理者通过强有力的提问，使员工投入了热情与关注，与自己建立了深层次的对话。总的来说，管理者在向员工提问的时候，需要遵循以下原则，能够让员工更加进入状态。

（1）善用5W2H

管理者在提问的时候，需要将自己想了解的内容通过提问巧妙地表达出来，还要以员工爱听的方式去表达。另外，管理者要想自己提出的问题有力且有效，能够激发对方更多的投入，就要让对方从你的问题中感受到

“我是来帮助你解决问题的”。5W2H 的提问方式能够很好地帮助管理者达到效果。

5W2H，即：

What——什么？目的是什么？

Why——为什么要做？可不可以不做？有没有替代方案？

Who——谁？由谁来做？

When——何时？什么时间做？什么时机最适宜？

Where——何处？在哪里做？

How ——怎么做？方法是什么？

How much——多少？做到什么程度？质量水平如何？

管理者通过 5W2H 提问法，能够简洁明了地表达出自己想问的内容，也很容易让对方进入你的节奏中，表达出更多的内容。此外需要注意的是，管理者等员工回答完毕再继续问下一个问题，而不是进行一连串的发问，要给予员工思考和缓冲的空间，否则会让员工陷入混乱，无法认真回答问题。

（2）善用开放性提问

开放性提问给予了对方尽情表达自己想法的机会。员工在与管理者沟通时，都希望自己能够作为一个倾诉者，而不是全程都是倾听者。因此，管理者要善用开放性提问，让员工尽情倾诉，并做好员工的倾听者。

管理者在使用开放性提问的时候，如果想要自己的提问强有力，管理者就要在自己的提问中注入好奇心，表示对员工表达的内容感兴趣，而且要保持中立的态度，不做评判。

例如，管理者提问员工：“你当时处在哪个环境下，你当时的内心活动是什么？”“我很想知道，这件事情给你带来了什么困扰”等。

在这个过程中，管理者以一位支持者的角色去了解这些信息，去聆听员工的表达，关注员工的想法，让员工明白自己表达的内容中的关键信息，进而根据关键信息与员工展开讨论，让员工投入更多的注意力。

（3）用员工喜欢的方式问出来

如果想提出激发员工思考，让员工更加投入的问题，最简单有效的方法无疑是，用员工喜欢的方式问出来。而以员工喜欢的方式问出来，就需要管理者用员工熟悉的说话方式和语言去表达，而不是用管理者熟悉的方式去提问。

例如，当员工语调偏低、语速偏缓，而管理者提问的时候，语调偏高、语速偏快，在一定程度上很容易让员工产生抵触心理。

除了需要在语言上做出调整，管理者还需要直接用员工的语言跟员工进行对话，而不是去臆断员工的想法。

举个例子。员工说："这份工作难度很大，有时我感觉力不从心。"

管理者说："你的意思是想放弃吗？"

相反，管理者要回答："我懂得你的困难。尤其这段时间，我觉得这份工作给了你不小的压力。但你不要太过着急，有什么需要我帮助的，尽管找我交流，我会全力支持的。"

管理者不要用自己的想法去替换员工的语言，这样做不仅会转移员工的注意力，还会使整个谈话陷入僵局。因此，管理者跟员工沟通时，要用员工喜欢的方式提问，并尊重员工的想法。

6.在回应中注入真诚

不少管理者在回应员工的时候，常见的做法是，对人不对事，只顾着表达自己的看法，评论员工的行为，使回应似乎变成一种“批判”，没有人情味。最终导致的结果是，员工不能接受管理者的回应，甚至心生抗拒，回应因此无法有效实行。为什么会出现这种现象？因为管理者没有在回应中注入真诚。

真诚是一种力量，能够让员工感受到管理者的真心帮助、支持和坦诚，因此员工会更愿意信任管理者，接受管理者的回应，并做出符合管理者期待的事情。在教练式沟通中，管理者如何在自己的回应中注入真诚，使自己的回应对员工积极有效？具体来说，有以下几种方法：

（1）去除表演痕迹

管理者在回应员工的时候，时常想要扮演意见领袖的角色，但这反而让员工觉得管理者高高在上，感受不到管理者的真诚。

因此，管理者在回应员工的时候，要去除自己的表演痕迹，不要在声音、表情、动作中假装自己。这就像是节目主持人，即便再专业、主持得再精彩，但只要表演痕迹中欠缺真诚、矫揉造作，也会让人听不进去，甚至想要换台。良好的口才的确能够给回应加分，使回应能够强有力地进行，但没有真诚的回应，也是致命的。

真诚的管理者在回应的时候，不会佯装，也不会将注意力放在如何才能表现出完美的自己上。他能给予员工的东西是真诚的、没有表演痕迹的，能够让员工从内心感觉到管理者是来帮助他的，是在认真地听取他的建议。而去除表演痕迹需要管理者与员工之间建立一种信任感，要以一种平和、自在的心态与员工教练，不要被表面上的、无价值的事情牵绊住，影响真诚的表现。

（2）言行一致

世界著名思想家列宁曾经说过：当一人言行不一时，就会导向伪善。管理者在回应的时候，如果想要自己的回应更加真诚，就需要做到言行一致。

管理者首先要管理好自己，如果自己都觉得自己不真诚，那么你是无法让员工感受到你的真诚的。这就需要管理者倾听自己内心的声音，了解自己最真实的想法，并运用合适的方式去有效地向员工表达自己。

先做到对自己真诚，再去表达，进而传递出真诚。管理者要将嘴上说的和实际行动统一起来，对员工承诺过什么，就要最大限度地实现。

（3）表达要真实

管理者在回应的时候，需要真实表达自己的想法，不要无中生有，也不要夸大其词，让员工觉得“假大空”。回应的目的是帮助员工解决实际问题，而不是为了表达自己的想法。真实的表达要真诚、体贴，多站在员工的角度上去思考问题。

管理者要想让自己的回应注入真诚，就需要在回应中照顾员工的想法和心情，而不是对员工的表达给予否定，甚至是批判。如果管理者一直想要改变员工的想法，并试图在回应中主导员工的行为，这些都不是真诚。

此外，如果管理者总是以“我觉得有用”“我觉得适合你”“我是为你好”等，对员工进行回应，也会让员工觉得欠缺真诚。很多时候，管理者为了表现出真诚而刻意为之，反而让人觉得更虚假。

真诚是从内心发挥出来的一种状态，它是宜人的、愉悦的、让人信赖的、真实的，能够让表达更加真诚，让员工心服口服。

例如，管理者在回应时要这样表达："下面是我个人的想法，如果有不对的地方，欢迎你积极地指出来""我刚刚的表达有欠考虑的地方吗"等。

（4）多使用肢体语言

管理者在回应员工的时候，除了要在语言上做到真诚之外，还可以在眼神、微表情和动作上表达出真诚。有时候肢体语言甚至比口头语言更为重要，它能够表达出更多内心的潜台词，而这些能够直接让员工内心产出巨大的触动。

当然，肢体语言既能传达出正面积极的意思，也能传达出负面消极的意思。因此，管理者在回应的时候，要多多使用积极的语言，如身体前倾、眼神真诚而坦荡、嘴角上扬、面容轻松等，让员工能够感受到你的善意和真诚。

需要注意的一点是，肢体语言的表达是自然的，是令员工感到轻松愉悦的，而不会带有强迫或讨好的性质，故作姿态地表示友好只会让对方感到压抑。

（5）尊重员工的意愿

我国伟大的道家学派代表人物庄子在《庄子·渔父》中有一句话："不精不诚，不能动人。"意思是说不真诚就不能打动人。管理者在回应的时候，还需要尊重员工的想法。

在回应时，管理者需要根据自己所掌握的情况和信息，尊重员工的意愿，根据员工的表达去给予回应。如果管理者不顾员工的意愿和真实想法，不抓住问题的核心点去回应，就会让员工大失所望。此时管理者的回应对员工来说也不是真诚的，是无法打动人心的。

第4章 自我教练：如何实现自我迁善

管理者的自我教练也是教练式管理中重要的组成部分。管理者通过自我教练不断实现自我迁善，以更好、更积极地与员工交流，提升教练型领导力。

1.觉醒：自我是逐渐被发现的

在教练式沟通中，优秀的教练不仅要善于教练员工，帮助员工发掘潜能，实现突破和成长，还要善于教练自己。

自我是逐渐被发现的，在发现的过程中，教练需要不断地完善自己，引导自己向正面的、积极的方向发展，自我觉醒，不断寻找自我，与自我进行对话，最终完成蜕变。这就要求教练式管理者要做好以下工作：

（1）外界是你的镜像

我们看待人、评价事物的方法，其实取决于我们的内心。外界就像是你的一面镜子，你所看到的其实是你内心的映射，就像是“一千个人心目中就有一千个哈姆雷特”一样，而你眼中所看到的哈姆雷特，其实就是你自己的意识在起作用。

简单来说，你看到的外界是什么样子，就说明你是什么样子，你看待事物的方式，决定了这个世界如何看待你；你如何对待别人，决定了别人如何对待你。

例如，你总是对别人心生抵触和冷漠，时间久了，对方也不会对你敞开心扉；你总是对人产生猜忌之心，对方也不会全然信任你。

因此，在团队管理中，管理者要想不断觉醒，发现自我，就需要从自己对外界事物的看法和认知中看到自我。例如，管理者总是觉得员工不尊重自己，对自己所安排的事情也总是不满意，甚至还会对自己大声说话。

这时候，管理者就需要从这件事情中反思，觉醒。为什么员工会这样对自己？是不是自己之前没有尊重员工，喜欢大声对员工说话？反思之后，管理者会得出新的答案。那么当管理者从外界的事物中找到自我后，自然会改变自己的行为，教练出更好的自我，进而影响员工。

（2）从对别人的评价中，发现自我

如果你希望对方与你相似，说明你对自己的评价比较高；相反，如果你希望对方与你互补，说明你对自己的评价比较低。如果管理者对自我认知不是十分清楚明确，不知道自己在员工心目中是怎样的，就需要及时地从员工口中了解“我”的形象。例如，员工评价你“睿智幽默”或“严肃认真”等，你可以从员工的综合评价中得出答案。

你是什么样的人会决定你如何评价别人。你评价别人的方式，其实也是在评价内心深处可能你都未发觉的自己。所以，从对被人的评价中，可以很好地发现自我。对于管理者而言，更是如此。当管理者正向积极、善意地评价员工的时候，其实管理者也找到了更好的自己。

（3）从身边的人，发现自我

你是什么样的人，你就会吸引什么样的人。每个人都有一种能量，或者也可以称之为磁场，你只会吸引与你有同样气场的人。

例如，你是正能量的人，你就会吸引到乐观、积极向上的人；如果你是一个负能量的人，满腹怨怼，处处心生不满，你就只能吸引到跟你同样负能量满满的人。

从某种程度上说，管理者可以通过观察朋友来发现自我，你朋友的特征大抵与你相似，他身上存在的缺点或许你身上也存在。

（4）从自己排斥的事物中，发现自我

对自己排斥的事物，我们的态度是“敬而远之”。其实，从自己排斥的事物中，往往能发现更全面的自我。

举个例子，如果有人对你说，你性格不是很好，希望你改正。如果这时候你及时反驳，并排斥这个人说的话，说明这个人说的话刺激到你了，为什么会刺激到你？因为你本身就是这样的人。

因此，管理者在跟员工沟通的时候，如果员工说了自己排斥的话，或者做了自己排斥的事情，首先不要无缘由地责骂员工，而要换个角度思考，重新看待自己，发现自己，然后再去处理这件事情。你会发现，新的自己对同一件事情会有新的认识，这时候说不定你会称赞你的员工。

排斥的事物，可以教会你应该做什么，不应该做什么。但是，这种排斥建立在客观感受上，而非主观感受上。客观感受是就事论事，而主观感受是就人论事。所以，管理者在排斥事物的时候，需要客观理智。唯有这样，才能真正发现自我。

2.觉察：跟自己的身体交流

管理者进行自我教练的第二步就是觉察，即跟自己的身体交流。很多时候，一个人身体出现问题，其实是内心精神、情绪、情感等出了问题，管理者就需要从身体给出的反应如头痛、胸闷等来觉察自己的情绪、精神、心理是否出了问题。

举些例子，如果你觉得你最近总是胸闷气短，可能因为你最近心思焦虑，内心郁结；

你如果最近身体乏累，梦魇不断，可能因为你最近精神压力大，内心负担重。

你要学会跟你的身体交流，熟悉你身体发生的变化，并尊重自己身体的感觉，读懂它释放的信号，排解出郁闷压抑的情绪，不断迁善。

另外，当你陷入困境、手足无措的时候，你的身体也会告诉你答案。

例如，你正在和一个比你体格庞大的人做摔跤游戏的时候，你不知道能否赢对方，可你还是抱着必胜的决心，全身心地投入到这场游戏比赛中。

由于你十分投入又努力，有技巧性地参与到比赛中，最后你赢得了这场比赛。

这时你跟你的身体交流，你会发现，你内心有巨大的愉悦，所有的压力和担忧在那一刻仿佛从你的全身蒸发了，你内心涌现出巨大的喜悦，万分舒畅。你觉得整个身体变得很轻松，脸上也绽放出笑容，那种高兴是由内而外的。

管理者在自我教练的时候，如何使用觉察技术，觉察我们的身体在表达什么，并与自己的身体进行交流呢？具体来说，有以下几种方法：

（1）与身体进行对话

我们有时会陷入某种情绪中而无法自拔，而我们所压抑着的情绪，身体会如实地为我们记录下来。如果我们想要觉察我们的内心，就要与我们的身体进行交流，它会告诉我们答案。我们要与身体产生对话，觉察自己的情绪，并能照顾好身体。

在团队管理中是同样的道理，如果管理者意识到自己在与员工交流时，无由来地心烦意乱，胸闷气躁。管理者就要与自己的身体展开交流，管理者要尝试与身体建立对话，进行自我迁善，疗愈自己。

具体来说，管理者可以做好以下工作：

一是要明确地觉察到自己已经处于生气、情绪非常态的状态。觉察自己出现胸闷、心跳加快、情绪厌烦等变化。因为有不少人即便已经生气了，却不承认，也不认为生气会对自己造成负面影响。

二是管理者要与自己对话：我为什么而生气？这一切值得吗？如果不让自己生气，我要做什么呢？导致我生气的情绪来源于谁？我和对方，谁需要为此承担？这件事值得我生气吗？我是不是有更好的表达途径？

（2）让身体照射心灵

身体是心灵的映射。管理者需要用身体来感受自己的情绪。如果你的身体比较敏感，你会很快地觉察到自己的情绪。当管理者感知到自己身体的某个部位不舒服时，不要试图躲避它，而要正视它。

例如，当你头痛时，不要花尽心思想着如何排解头痛。如果强行排解，只会让你陷入更慌乱的状态，使头痛症状愈演愈烈。反之，当你不去与头痛产生对抗时，你会发现能够缓解疼痛感。

我们有时会假装快乐，但是我们的身体不会帮助我们隐瞒。例如，你在别人面前佯装快乐，可能你的嘴角有微笑的弧度，但是你的笑容在别人眼里看起来很勉强，而且你的笑容传达不到你的眼睛里，你的嘴角也不会上扬。

当你感觉到你的身体出现某些故障时，你要保持敏感度，觉察身体传递出来的情绪。只有当你的身体舒服了，你的情绪才能得到正向积极的排解；身体就像是你的一面镜子，你看到你身体呈现出来的状态，就知道你活得如何，你是如何对待自己的、你的生活状态和生活习惯等都能通过你的身体反映出来。

如果你面色暗沉，身体状态差，说明你并没有爱惜自己的身体，你在透支自己的身体；同时，身体出现的这些变化也会对你的情绪产生影响，你觉得自己变丑了、没那么好看了，你的情绪因此变得消极、低沉。如果你希望你的精神变得紧张，就要让自己的身体变得健康。当你与你的身体产生正向、积极的关系时，一切都会变得更为完善。

（3）让身体寻找自我

管理者在自我教练，跟自己的身体产生交流的时候，要用身体寻找自我。

举个简单的例子，你很喜欢跳高，但是你的教练告诉你，依照你的身体条件，你是无法在这方面有所成就的。但是你不愿意就此放弃，你渴望挑战自己。

你没有被教练的暗示所影响，你渴望通过身体找到自我，并且每天进行大量的训练，学会与自己相处。

最终，你在跳高方面获得了成就。

为什么你会获得这样的成绩，正是因为你渴望突破身体的极限，并用自己的身体去寻找答案，觉察身体，突破自我、发现自我。管理者同样也需要用身体寻找自我，突破自己的极限，实现自我教练。

（4）做自己身体的主人

你能成为你身体的主人吗？这看起来是一件简单并顺其自然的事情，但是做自己身体的主人是一件困难的事情。往往你越排斥什么，什么就越跟着你。例如，你希望自己不去焦虑，但是你越希望不要这样，越容易让自己陷入到更深的焦虑里面。

这时，你要尊重你的感受，当我们焦虑时，你要问问自己：我为什么会产生这样的情绪？我在想什么？觉察到自己的情绪，并把注意力放在自己的身体上，不要将自己的思绪带入死胡同里面。

除此之外，你还要继续与自己的身体相处。例如，你的身体乏累到想睡觉，但是你的意识还不想睡，还想继续玩手机、看书等。这时你要尊重你的身体，不要让思维的心魔占据你的意识。

你要更多地感受你的身体，当你遇到困境和障碍时，你要问自己：我的身体感觉怎么样？它可以吗？会加重对身体的负担吗？当你不断跟自己的身体进行交流时，你自我迁善的能力也会得到提高。

3.体会：用体会了解自我

美国著名的心理学家罗杰斯对“自我”这一概念给出的定义是，自我=自我意识+自我评价。其主要结构包括：个人对自己的知觉及与之相关的评价、个人对自己与他人关系的知觉和评价、个人对环境各方面的知觉及自己与环境关系的评价。人是无法了解全部的自我的，自我是被逐渐发现的。而深入体会，会让你了解全面的自我。

美国著名的心理学家约瑟夫·卢夫特和哈里·英汉姆曾提出了著名的“约哈里窗口”理论，该理论用了四个方格，说明人际传播中信息流动的地带和状况。

这四个方格分别是公开区、盲目区、隐藏区和未知区。而在自我教练的过程中，我们可以从这四个区域中，深刻体会，深入了解自我。

（1）公开区的“我”

公开区的我，是为我和大家所熟知的部分。公开区的我，有一个最大且最明显的特征，这个特征会成为别人评价我们的第一印象。

例如，当我们说到××，可能很自然地评价道：“嗯，他是个性格外向的人。”而这部分自我也通常能为我们自己所肯定，就好像说大家认为我性格外向，其实我自己也是这么认为的。这部分自我也比较稳定，也就是说，我们在大部分面前都会展现出这个状态的自我。

管理者在体会公开区的“我”时，要全方位地了解自我。因为公开区的“我”是自己和他人都熟知的，但看法不一。

首先，人总是会高看自己，甚至觉得自己完美无缺，其实这是一种十分不负责的看法。马克思说“人是社会关系的总和”。人是不断与别人发生关系的，你眼中的自己不能代表全部的自我，你还需要积极考证自己在别人眼里的样子，即充分了解公开区的我。

其次，如果你想全面了解自我，你就要收集别人眼中的你，如你的父母、朋友、领导、同学、下属等，询问他们对你的客观且真实的评价，然后收集、整理这些评价，并细细体会他们对你的评价。

（2）盲目区的“我”

盲目区的我，往往是别人知道但你不知道的部分。例如，你的行为在别人眼中看起来很自私，但是你自己却很难感知到这一点，甚至会觉得自己足够大方。

因此，管理者想要获得进步，就要多去了解盲区中的自我。这部分自我最能帮助你重新认识自己。而要发现“盲目区”的自我，就要求你多去体会他人对你的真实的、客观中立的评价。

管理者要用反思去体会盲目区的自己，从反思中体会到自己平时不常体会的内容。

首先，管理者在反思中可以了解到一个被人知却不为己知，为己知却不为人知的自己。尤其当你与别人发生冲突、抵抗、矛盾时，你更能从这些不寻常的事件中了解到更多信息，能够帮助自己更清楚地进行自我认知。

其次，当你反思时，你会调动过往的记忆，并与当下的经历结合在一起，进而得出新的认识。在新的认知中，你会慢慢产生不一样的感觉，甚至会对同样的事情产生颠覆性的认识，而这就是一个重新认识自我的过程。也就是说，管理者通过反思能更深入体会一件事情，并能从中获得成长，进而提高自我迁善能力。

（3）隐藏区的“我”

隐藏中的我，是我们自己知道但别人不知道的那部分自我。这部分往往是我们刻意隐瞒的一部分，如嫉妒、自私等。隐藏中的我，是我们想要在外人面前保护的一部分，这部分内容常常是负面消极的。这就需要管理者敞开心扉去体会隐藏区的自己，并尽力改掉不好的行为和习惯，成为更好的自己，做到“表里如一”。

首先，一个人如果长期压抑自己，不对外界敞开心扉，他所了解的自我就是狭隘的，是有局限的。只有你敞开心扉，多去感知，多去经历，你才能体会自我。随着你对外界的感受程度不断加深，你的思想也会变得更为饱满，你看待、解决事情的方式也会发生变化。这些变化是能够帮助你成长的。

其次，当你敞开心扉时，你会接收到更多的信息，听到不一样的声音，会发现自己以外的世界。这些声音可能是你之前所排斥的，但是当你敞开心扉愿意去听的时候，你会从这些话语中体会出新的内容。换句话说，因为深入的体会，你排斥的那部分内容巧妙地转变成了对你有用的东西。

（4）未知区的“我”

未知区的我是我和别人都不知道的部分。这部分自我的发现需要挖掘、需要机缘。这部分自我既包括正面积极的一面，又包括负面的一面。

用体会去了解自我，是一个漫长的过程。这就要求管理者要珍惜每一个当下，体会当下的每一件事情。当你能以一种轻松自在的心态，去体会当下每一刻的感受时，你也能在其中收获良多。如果总是觉得当下是平常的，并不全身心地关注，你在体会的时候，还是会失去自我。这就好像我们对着熟悉的街景熟视无睹，但是当这景象出现在电影场景中时，我们内心会有不同的体会一样。

因此，你需要以一种全新的角度去认识自己，因为你未来的样子是由你当下的状态决定的。管理者要让自己每一刻都有体会，并关注这些感受，从这些感受中了解自我。

4.感悟：你没有办法改变别人，只能影响别人

在现实中，我们都会有这样的苦恼："你为什么不听我的，我都跟你说了多少次了，不能这样……""你为什么不按照我说的做……"等。

我们总觉得累，是因为我们总是试图改变别人，想让别人按照我们的思维去做。

但事实表明，你永远无法改变别人，但是我们可以通过改变自己去影响别人。换句话说，如果你希望别人能够按照你的意愿行事，你要不动声色地通过自己的言行去影响他。

同样，在团队管理中，管理者在进行自我教练的时候，也需要建立这样的深刻感悟：你没有办法改变别人，只能影响别人。

例如，你希望一个性格急躁的人性格温和，言语要求是起不到任何作用的，你只能让自己成为一个性格温和的人，进而对他产生影响，潜移默化地"改变"他。具体来说，有以下几种办法：

（1）教练心态

当人面对自己不能控制的人或事时，会心生怨怼、躁郁，心情久久难以平复。因此，管理者在和员工交流的时候，首先要教练心态。

教练心态是困难的，管理者必须充分地认清事实，并且从事实中分

析出方法。当遇到自己想改变却又不能改变的事情时，要明确地让自己知道："你无法改变别人，如果希望对方达到你的要求，你只能通过自己来影响他。你是什么状态，可能对方在你面前就会呈现出什么状态。"

举个例子，当你发现员工对你表现出抵触行为的时候，首先要做的不是质问或指责，而是站在员工的角度去了解员工行为发生的原因。

其次，管理者要耐心地与员工展开交流，消除员工的误解和抵触，用自己希望员工达成的样子去和员工相处，进而使员工在无形中受到影响，表现出你希望看到的行为。

（2）榜样力量

榜样能够让人有动力变成像榜样一样优秀的人。如果你希望成为像榜样一样优秀的人，你就会"见贤思齐"。在这里，管理者要让自己成为员工的榜样。换句话说，如果管理者希望员工的行为能够按照你的意愿发生，那么你就需要正向地影响别人。你希望对方是什么样子，你首先要变成那个样子。

例如，你希望员工能够做到信守承诺，那么你首先要是个信守承诺的人，通过自己信守承诺的方式去影响员工，从而让员工在内心深处对你产生认同。一旦员工对你产生认可，他会积极地学习你身上的优点，如信守承诺。

其实，管理者在教练员工的时候，也是一个自我教练的过程，就像很多人说其实孩子是父母的影子一样，员工其实也是管理者的影子。员工表现出来的行为和状态与管理者有着密切的关系。管理者如果想要让员工变得优秀，自己也必须优秀起来。

（3）给予对方真正想要的东西

给予对方真正想要的东西，才能令对方愿意做出改变，这一点其实不难理解。举个例子，父母总是以为孩子好的名义要求孩子按照他们的意愿做事，但孩子非但不领情，还觉得这是一种负担。因为他们给予的并不是孩子想要的。父母总是把自己的想法强加在孩子身上，并强烈渴望能够改变孩子，结果反而将孩子推得越来越远。

在管理中也是如此。你喜欢什么，不代表别人也喜欢什么；你认为这是对的，不代表别人也认为这是对的。

因此，管理者在和员工交流的时候，要给予员工真正想要的东西，而不是自己想给的东西。一旦让员工内心得到满足，他自然会做出如你所预想的行为。也就是说，当你帮助员工获得他想要的东西时，也意味着你将得到你想要的。而了解员工想要的东西就需要管理者从员工的工作需求和动机、言语、情绪等建立觉察。

（4）把自己变成对方期待的样子

管理者除了通过给予对方想要的东西来影响员工之外，还可以通过把自己变成对方期待的样子来影响对方。当你把自己变成对方期待的样子时，对方就会更加信任你、亲近你。

例如，对方希望你能充分尊重理解他，而你在沟通的过程中，充分理解并尊重他的行为，就会令对方感动。在此正面情绪的影响下，对方为了表达对你的感谢会做出良性反馈。

5.自我对话：发现自己的内在力量

自我教练，其实就是一个与自我对话，发现自己的内心力量，学会与自我独处，实现自我迁善的过程。人如果能够与自己独处，与自我对话，他就能在这一过程中收获很多东西，能觉察到自己的内心在想什么、渴望什么、实现什么，会因此获得一种强大的力量，推动着自己前行。

举个例子，如果每天起床之后，你能够对镜子里的自己说：“你真棒，今天又是美好的一天，离自己的梦想又近了一步。”你会很神奇地发现，一切真的如你所讲的那样变得美好起来。你的心情也会变得更为愉悦，你甚至会迫不及待地想要投入到工作中去。自我对话能够让你发现自己的内在力量。

管理者在自我教练的时候，如何与自我进行对话，发现自己的内在力量呢？

（1）独处

人与自我对话需要一个安静的空间，尤其是当你独处的时候，你更能觉察到你内心的力量，这种力量是庞大的。独处会让我们只关注自己，关注自己的内心世界，静下心来思考发生的一切，恢复我们内心的力量。

同时，独处还能够帮你认清你自己，你能够毫无顾忌地将自己全部的思绪调动起来，思考自己面临的事情，进而得出新的认识，做出新的行为。

当你能够与自我对话时，你能听到来自内心最真实的声音，你不会将关注点放在别人对你的评价上，你也不会再轻易地受到别人评价的影响，因为你已经在内心建立了一个系统。在这个系统里面，你有自己的价值观和与外界相处的方式。

此外，当你深陷痛苦的时候，与自我对话，你会发现内心有股能量正在喷薄而出。这时候，你可以坦然地与自己的负面情绪相处，进而找到支撑自己前行的力量。

（2）觉察

当管理者与自我对话时，要建立觉察，觉察自己的状态和情绪，发现自己的内心力量。

例如，管理者在与自我对话时说：“没有什么是你解决不了的，只要你付出足够的努力。”管理者需要觉察到自己的眼神、表情、动作、情绪。你的动作越积极，你的内心力量就越强大。

同时，管理者要发出高频率的话语，如“哇”“棒”等。当你说出这些词语时，你能觉察到你的状态是积极向上的、充满正能量的。

（3）积极对话

人需要与自我积极对话，关怀自己的情绪和心情。当你开始关怀自己时，你的内心就会产生巨大的力量，能够帮助你克服一切困难。

有一只兔子总是活在无尽的恐惧之中，总觉得自己的生活危机重重。好像自己的生活随时会面临灾难，它深陷负面情绪中难以自拔。它越来越消沉，感觉这不幸的一切已经发生在自己身上了。

它总是东怕西怕，觉得自己那双即便微弱的声音也听得见的长耳朵真的是糟糕透了，烦躁的情绪使它红色的眼睛似乎更红了。终于有一天，这样的生活它再也忍受不了了，于是它决定一死了之。它准备从山崖上跳下去，投河自尽。

这时候，有几只青蛙正在岸上休息，听见兔子急促的脚步声，如临大敌，吓得慌忙逃进了水里。兔子看见眼前的情景，忽然就冷静下来，大声地跟自己说道：快停下来，我不必吓得去寻死了，要知道还有比我胆小的动物呢！

兔子跟自己这么一说，心情忽然大好，内心里涌现出巨大的欢喜。它感觉自己非常快乐，不再受着痛苦的煎熬了。它看着水里自己的倒影，长长的雪白的耳朵格外美丽，红色的眼睛就像红宝石一样，它高高兴兴地回家去了。

故事里的兔子正是因为告别了负面情绪，与自己展开积极的对话，所以它获得了新生，有了正面直视生活的勇气。人也要这样，积极地关怀自己，给予自己正能量。尤其当你与自己对话时，最大限度地去关怀自己，你就能扭转乾坤，让一切都往好的方向发展。

（4）感恩

感恩是一种力量，能够让你平心静气地去看待这个世界，内心富足地接受当下发生的一切，并积极地为美好意愿而努力奋斗。当你以感恩的心态与自我进行对话时，你会获得正能量，你能想到的都是外界的美好与帮助，进而你会将正面情绪转化成力量。这种力量会让你内心涌现出美好的希望，你会想要去创造、去积极实现，将力量化为行动。

因此，管理者在自我对话中，需要懂得感恩，要感恩自己的付出、家人的帮助、员工的付出，让自己对身边的人和事建立起一种新的认识，帮助自己获得更大的动力。

（5）记录

管理者在与自我进行对话时，不仅可以使用语言，还可以使用文字的方式。管理者可以将自己的所思所想所感记录在本子上，与自己建立深层次的交流。

相比于语言对话来说，文字更能够挖掘出自己的内心世界。当你记录的时候，你会全身心地关注自己的内心世界，了解自己当下的情绪。

通常，人们会以文字记录下自己的真情实感，并会倾向于以积极正面的文字方式表达出来。这种积极的文字记录，可以让自己对自己有一个全新的认识，进而获得一种内在的力量。

6.调整：与外界要素进行联结和互动

管理者在进行自我教练时，还有一个很重要的环节就是调整好自己，与外界要素进行联结和互动。什么是外界要素？外界要素包括人、需求、环境、规则等在内的对管理者产生影响的要素。

（1）外界主体

外界主体是指与管理者进行联结和互动的主体，如员工、领导者、同事等。管理者在与他们互动时，就是要加深对彼此的理解。

（2）外界需求

外界需求包括工具性需求和非工具性需求。管理者需要察觉自己的需求，并不断地完成自我迁善。

（3）外界手段

外界手段是指管理者为了达到联结和互动的目的而采取的方式、方法和工具。

（4）外界规则

外界规则是指管理者需要遵循的各种行为规范和准则，以规划好自己的行为。

（5）外界环境

外界环境是指管理者在与外界进行联结和互动时，遇到的有利或不利的客观条件，这里主要是指社会环境。例如，管理者与员工的相处等。

管理者在进行自我教练时，要与外界要素做好联结和互动，进而不断提升自己各方面的能力，并通过联结和互动学习外界成功的经验，增强自身的发展能力，实现自我迁善，进而达到自我教练的目的。

同时，当管理者能够积极地与外界进行互动的时候，能够促进信息流通，增进理解，在这个过程中满足自己的人际关系、社会发展等各种需要。

美国芝加哥学派的帕克和伯吉斯等人主张将互动分为以下四个阶段：

第一阶段：竞争。

双方为了同一个目标而展开争夺。这时，双方处于一种排斥关系，而非对立关系。

第二阶段：冲突。

双方由于竞争激烈而产生敌对情绪，甚至双方之间爆发矛盾和冲突，表现为攻击对方。

第三阶段：顺应。

冲突总是以一方妥协或一方消灭另一方而结束互动。在大部分情况下，冲突的一方或双方都会改变自己的思想、态度和喜欢去适应对方，以避免、减少甚至消除冲突。

第四阶段：同化。

同化是指双方在适应对方的过程中，在很多方面都日趋融合，达成一致，彼此有了更多的想法，实现共鸣。

竞争、冲突、顺应、同化都是管理者与外界要素进行联结和互动时会出现的四种情况，随着联结和互动程度的加深和理解，渐渐趋向融合。

同时，管理者在与外界要素进行联结和互动时，其中最主要的是与员工、环境的联结与互动。因为员工是管理者需要互动的主要对象，而外界环境复杂多变，也需要管理者建立高度密切关注外界环境变化的能力。具体来说，管理者要做好以下工作：

（1）内外互动

管理者在和外界因素进行互动的时候，很重要的一部分就是与员工做好联结和互动，与员工建立信任关系。在这个过程中，管理者需要与员工建立亲密的人际关系，避免对立和冲突。双方可以经过相处和教练，加深对彼此的理解和影响。

一般来说，互动可以分为外互动和内互动，外互动是指管理者、员工和外界进行互动，双方在互动的过程中更加了解情况，达成共识。例如，管理者和员工一起来讨论外界经济环境、政策环境的变化，制定出应对外界环境的措施。

内互动是指管理者和员工内部进行信息交流，如感知、记忆、想象、情感等一系列心理活动。管理者需要有艺术地结合人的意志，与对方产生精神层次的交流和呼应，而不是仅仅通过命令员工以实现管理的目的。

例如，当员工在一项工作中无法集中注意力，施展出自己的才能时，管理者不要强求员工立马给自己结果，而是应该改变自己的思想、态度去顺应员工的心情。

管理者在与员工联结和互动的时候，要积极地交流想法，了解员工真实的想法和背后动机，进行深度沟通，消除误会。

（2）与外界环境进行联结和互动

管理者在与外界联结和互动的时候，外界环境的变化多端也需要管理者做好互动和联结。当管理者面对未知的环境时，需要提升自己规划和统筹的能力，制定长期规划。在这个过程中，需要管理者准确地把握外界环境，而联结与互动是必要的一环。

此外，管理者还要对环境变化保持高度的敏感度，这就需要管理者与外界环境建立紧密的联结，一旦环境发生突变，管理者也能聚集团队成员的力量，应对环境的变化，将逆境变成顺境，将危机变成转机。而管理者这个过程中，也能积极地调整自己，来应对环境的变化，提高自我迁善的能力。

（3）提高感知能力

管理者在与外界要素进行联结和互动的时候，需要积极提高感知能力。不同类型的人在与外界进行联结和互动的时候，会使用不同的方法。“视觉系”会使用眼睛来与外界联结和互动，“听觉系”会使用耳朵来听世界，“感觉系”是经由自己的感觉来与外界联系。

举个例子，就像是面对一朵花，有的人用嗅气味来感知花，有的人用眼睛来观察花朵的美丽，而有的人则通过触摸来感受花朵的质地。

而管理者在与外界进行联结和互动的时候，就需要调动自己全方位的感知器官，提高自己的感知能力。换句话说，管理者不仅要会看，还要会听、会想、会感受，要多方位地感知外界因素，掌握全方位的信息。如果管理者隔绝了与外界因素联结和互动，就相当于停止了进步。

7.控制：给自己一个行动的理由

人无法真正行动起来，是因为认知误差。而认知误差产生的原因，就是因为我们在行动之前总是会产生四种念头：没必要做、没人帮我做、以后再说吧、我心情不好。

如果无法摆脱这几个念头，那么你将永远无法行动起来，实现自我迁善。所以说，要想完成自我迁善，你要学会自控，给自己一个不得不行动起来的理由。

为什么人总是想得多，而很少付出行动呢？就是因为缺少一个行动的理由。在《西游记》中，明知一路上要历经千难万险，为什么唐僧师徒还要坚持去西天取经呢？因为唐僧要完成自己的使命、追求至高无上的佛经、实现对皇帝的承诺。这就是唐僧付出行动的理由。也正是因为秉持着这个信念，坚守着这个理由，他们最终才经受住了九九八十一难的考验，取得了真经。

当你决定做一件事情的时候，就需要给自己一个行动的理由。一旦有充足的理由，你内心就会有强大的信念和动力，推动你在现实中行动起来。

举个例子，如果管理者希望和员工建立良好的关系，这时候管理者就需要给自己一个行动的理由，如和员工建立良好的关系之后，就会让彼此的工作交流更顺利，进而使双方之间的关系更加融洽，员工工作更加高效。当管理者给自己一个行动的理由时，会更有动力行动，让脑海中的美好想象成为现实。

说服自己的理由一定是不得不做的，随便找个理由，很难给人动力，促使人行动。因此，管理者在给自己寻找理由的时候，需要智慧的加持。那么，管理者如何寻找不得不做的理由呢？

（1）摒弃限制

为什么我们总是找不到一个行动的理由？因为我们一直在寻找不去行动的借口，例如“我还没准备好”“我不是很有信心能做到”“我再看看吧，给我点时间”“我感觉自己肯定不能完成这件事情”，而这些阻碍自己行动的借口就是限制。我们要想找到行动的理由，行动起来，就必须摒弃这些限制。

摒弃限制，其实就是要不留余地让自己行动起来。所以，在做任何事情的时候，我们不要去想“不可能”，而要全力去想“我一定可以”。如果你给予自己这样的积极暗示和行动的理由，就会有一股强大的力量，推动着你前行。

此外，摒弃限制，让自己行动起来的最好办法是，把所有的注意力集中在自己的目标上。当你开始聚焦自己的目标时，你自然就会给自己找理由去完成任务，而不是找借口不去完成任务。

当一切限制你的理由摒弃后，接下来也只剩一条路可走，那就是行动，去完成你应该做的事情。

（2）激励自我

刻意给自己找理由，未必能让自己很投入地完成工作。那么我们可以换个角度，激励自己行动起来。找到一个好的激励方式，就很容易为自己找到行动的理由，进而帮助自己达成目标。那么如何激励自己，为自己的行动找到强有力的理由呢？

一是管理者将行动的理由跟自己理想中的生活、现实需求、希望、美好的愿景等相联系，以达到激励自我的目的。例如，管理者在面对一件事情的时候，可以激励自己“我一定可以的”“没什么好害怕的”。

二是积极的心理暗示，具有激励作用。而这种激励，就成了自己努力去行动的理由。例如，我相信自己可以，所以我一定要行动起来，证明自己可以。这时候，这种自我激励方式，就很自然地转换成行动。

（3）将积极行动变成一种习惯

在实际工作中，我们最爱说的是“想做”。“想做”与“做到”之间只有一字之差，但是却隔着很长一段距离。很多优秀的管理者对待事情的理念是“我一定要做到”。而一般的管理者之所以很难做好管理工作，就是因为他们“想做”，但是从未行动。

当你把“想做”变成“做到”，让积极行动成为自己的工作理念和习惯时，可以说你已经在自我迁善上成功了一大半。所以，对于管理者而言，自我教练，实现自我迁善，还需要培养自己积极行动的习惯，让自己“做到”，而不是一直停留在“想做”的层面。

当你的习惯是“做到”时，你就会给自己制定目标和计划，让自己行动起来。而行动起来，你就有更大的可能会获得成功。一旦获得成功，你会变得更加有动力，更加积极。所以说，积极行动的习惯，是一个良性循环，会不断地、持续地给你动力，推动着你前进。这就需要管理者做好以下工作，将积极变成一种习惯：

首先，管理者需要养成积极的思维，即面对困难时，第一反应是迎难而上，而不是遇难而下。遇事要有百折不挠和不达目的不罢休的勇气，即便遇到险阻，管理者依然要建立积极的思维来应对一切。

其次，需要做积极的事情。管理者除了要在思维上建立积极的心态，还需要做积极的事情，如读书、学习、关心员工的成长目标等。每天都做一些积极的事情，将积极变成一种习惯之后，这些积极的小事就像助燃剂一样，加速你的成功。

最后，管理者还需要阅读励志书籍。培养自己积极的意识，多阅读积极励志的书籍和文章，能够帮助管理者从书中获得力量，树立信心。另外，将积极变成一种习惯，还需要管理者在内心给自己树立一种“必须得这样”“没有不可以，跟往常一样”的信念，这样当自己遇到困境的时候，就能顺其自然地渡过难关。

8.采取行动：采取可以实现目标的行动

为什么你总是觉得行动太难，即便行动起来，到最后也会“无疾而终”，无法完成任务，实现目标？这是因为你没有采取可以实现目标的行动。

举个简单的例子，你想要到对岸的小岛上去，你可以采取划船、游泳等方法，这些方法最终能够帮助你到达小岛。但你不采取这些行动，你站在岸边来回不停地走，就算你在岸上走了一万步，你还是无法实现你的目标。或者你选择划船过去，但是你偏离方向了，最终你也无法抵达小岛。

在这件事情上，你确实采取了行动，但是这些行动并不能帮你实现目标。所以说，我们必须采取可以实现目标的行动，否则就是在做“无用功”。

管理者采取可以实现目标的行动，首先需要遵循“MORS 法则”。MORS 法则是由日本行为科学管理第一人石田淳提出来的，MORS 即 M=Measured（可测评）；O=Observable（可观察）；R=Reliable（可信任）；S=Specific（可明确化），能够帮助管理者做出可实现目标的行为：

（1）Measured（可测评）

“可测评”是指可测量、可评价的意思，目标能够通过数值进行衡量。举个例子，你需要在一个月内完成这项工作，测评你是否如期完成工作，就要看截止日期。

（2）O=Observable（可观察）

“可观察”是指评价者可以分辨出行为主体是否在从事特定的行动。只有能够观察到的，才可以称得上行为。例如，一个想要减肥的人，你可以从他的体重、身形等变化，观察到他是否减肥成功。

（3）R=Reliable（可信任）

“可信任”是指行为的判断标准具有唯一性，不管多少个人从多少个角度来看，得到的结果都是相同的。例如，判断一个人是否减肥成功，就看他最终的体重是不是降低了。减肥是否成功只看体重这唯一的标准。

（4）Specific（可明确化）

“可明确化”关注的焦点都是确切的因素，如“谁”采用了“何种方式”做了“什么事情”，而不管那些不明确的因素。例如，你想要在三个月之内看完一本书，你就需要根据你的总字数计划每天应读的字数。

当管理者的行动是指向目标时，接下来管理者需要考虑的就是，如何采取行动实现目标。

（1）目标具体化

管理者如果希望自己的行动是指向目标的，就需要将行动具体化。例如，你需要在三个月内完成30万字左右的小说。30万字对你来说也许是个不小的压力，但如果你能分解目标，就能够将目标具体化。例如，一个月写10万字，再具体到每天，只需要写3000多字即可。一个大目标可以分解出一个个小目标，一个个小目标就变成了每天必须付出的行动。

（2）行动可视化

管理者在采取行动时，可以根据目标制定行动列表，这种行动就会更具针对性，能够有效实现目标。首先，行动列表使每一天都变得可视化，它可以明确地让你知道，你今天是否完成了计划？完成得如何？遇到了什么障碍？你有什么困惑或进步？明天我又该如何去做？是否需要做出调整……一旦明确了这些问题，行动就会更具方向性。

举个例子，管理者打算召开一个培训会。首先，管理者要确定培训的主要内容，例如提高员工的策划能力；其次，管理者还需要制定PPT课件来帮助展开目标；再次，管理者在制作PPT课件时，要找到合适的模板、文字素材、图片素材、目录页、内容占比、页数等；最后，管理者在讲解时，要做好以下准备，如开场语、案例、小故事等。管理者如果将这些步骤可视化，再实行起来，直接采取可以实现目标的行动。

同时，管理者还可以从行动列表中看到自己跟目标之间的差距，从而产生动力，推动自己继续进行下去，实现目标。

第5章

潜能教练：如何激发员工的潜能

教练式管理者相信每个员工都有实现伟大成就的潜能。为了能够充分地激发员工的潜能，管理者采取了许多积极有效的方法。

1.深入了解员工的需求

在团队管理中，管理者往往会忽略员工的需求，导致无法激发员工的潜能。而在教练式沟通中，管理者在和员工交流的时候，会注重深入了解员工的需求。因为教练式管理者知道，只有深入了解员工需要什么，才能“对症下药”，从而采取一系列激励员工、激发其潜能的措施。

管理者发现员工小王最近闷闷不乐，在工作上没法集中注意力，总是心不在焉的。

“小王最近怎么啦，感觉有点不在状态啊！”

“确实有点，我感觉目前的这个案例跟我以往所做的案例差不多，内容也很相似，甚至解决思路都差不多。没什么挑战性，我也没能充分发挥出价值。”

“你在工作上很努力，为我们团队也做出了很多贡献。另外，你的能力和才干我们也是有目共睹的。这样，你先将目前手上的项目完成，等项目完结，我给你安排一个既有挑战性也有意思的项目，怎么样？”

小王点头：“好的，我相信我不会让你失望的。”

最终，小王在具有挑战性的工作中，展现出了天赋，充分激发了潜能，工作做得十分出色。

一般来说，员工的需求分为以下几种：

（1）生存安全需求

生存安全需求，是员工最基本的需求。人们参与工作，绝大部分都是基于生存安全需求，他们希望通过赚取劳动报酬来维持生计。

因此，管理者在与员工沟通时，当了解到员工看重生存安全需求时，管理者就需要从员工的收入上予以满足，例如，以调整员工薪资水平，发放绩效奖金等方式满足员工最基本的需求，激发员工的潜能。

此外，管理者在沟通的时候，可以巧妙地使用一些语言技巧，如“我现在给你争取到一个加薪机会，如果你能完成 ××，你就能加薪了”等。这样既能满足员工内心对薪资的要求和期待，又能充分地激发出员工的潜能。

（2）尊重需求

尊重需求高于生存安全需求，是指在人们的生存需求得到满足之后，他们就会寻求更高层次的需求，即希望工作不仅仅能满足温饱，还能得到领导和同事的尊重和许可。对于这一层次需求的员工，管理者需要做的是，积极地赞赏员工，给予员工的内心需要。

称赞要发自内心，并言之有物。如果管理者在和员工交流的时候，称赞员工“这段时间你表现很积极，成绩也很出色”“你真是太棒啦，工作完成得很棒”等，很可能无法充分地激发出员工的潜能，反倒让员工觉得你很敷衍、不真诚。

相反，如果管理者称赞道：“你这次的方案策划得很不错，尤其在受众分析与产品特色部分，将两者融合得非常好，非常清晰地就能看出我们受众定位与产品之间的关系，所以给咱们文案设计带来了非常好的方向”“这次的计划做得很妥当，数据分析各方面也做得很好，能够一目了然”等，让员工知道你对他的付出很肯定。称赞越明确越具体，越能激动人心，为人信服。

（3）交往需求

交往需求也可称为人际需求，表现为愿意归属为某一群体，获得群体的认同和归属感。一般来说，这种需求主要体现为喜欢参与社交活动、与他人进行互动交流，渴望得到他人的关注、认可与合作等，如归属、友情、爱情等。

管理者在了解到员工的交往需求之后，可以积极通过团建活动、小组合作等方式，以满足员工对交往的需求，进而挖掘出员工的潜能，让员工更有动力地投入到工作中去。

（4）自我实现需求

自我实现需求是最高层次的需求，这类员工更看重工作带来的价值感。他们将工作视为他们实现梦想的途径和方式。因此，管理者要给予员工实现自我的平台和机会，适度放权，让他们尽情地按照自己的想法去完成自己的工作，从而充分地激发出员工的潜能，实现创造。

同时，管理者还可以将具有挑战性和时限性的工作交给员工，并相信员工能够正确地做事。在某种程度上，难度越大、挑战性越高的工作，越容易激发此类型员工。

除此之外，晋升也是满足员工自我实现需求的一种方式。管理者可以通过升职的方式，让员工转变为新的身份，从而赋予员工新的价值和意义。

当管理者明确知道员工有这些方面的需求后，要如何深入了解每一位员工具体的需求呢？一般来说，管理者可以采取以下几种方式，深入了解每一位员工的需求：

一是换位思考。换位思考，即站在员工的角度思考问题，考虑员工真实的需求。管理者要设身处地地了解他们所处的环境和真实的感受。而要做到这一点，就要求管理者在与员工沟通的时候产生共情，真诚地表达的自己的渴望，进而与员工建立亲和的关系，让员工愿意表达出内心最真实的需求。

二是采取小游戏的方式。管理者可以通过一些小游戏来了解员工的需求，如管理者在一张纸上写下如“挑战、自主、同事关系、认可、成就、经济、舒适生活”等关键词，让员工圈出内心所想的关键词，根据员工圈出的词语大致了解员工内心在工作上的期待和渴望。或者通过问卷调查等来探索员工的内心需求。在这种真诚友好的沟通氛围中，激励员工畅所欲言，并帮助管理者更深入地了解员工需求。

三是深入沟通。其实，最简单最容易了解员工需求的办法，就是跟员工深入沟通。要想让员工真实表达自己的想法，管理者需要找一个合适的时机和创造一个轻松的环境。一定不要在员工犯错误的时候，把员工叫到办公室，问员工是怎么想的。这时候，员工即便有很多想法和需求，也不敢表达。

2.换位思考，以心换心

管理者在与员工沟通的时候，非常关键的一点就是，要懂得换位思考，以心换心。

为什么很多管理者在和员工交流时，总觉得自己无法打开员工的内心，了解员工心中真实的想法？往往就是因为管理者没有采取换位思考、以心换心的方式。

通常情况下，人遇到任何事情的时候，首先考虑到的都是自己，所以处理事情的时候都会主观臆断。如果管理者长期这样行事，就会让员工认为管理者“自私”，进而不会信任管理者，也自然不会全力以赴为团队贡献自己的力量。

因此，换位思考，一心欢喜，是教练式管理者必备的技能，也是激发员工潜能最有力的“武器”。

为了能够如期完成工作，员工小王带病坚持上班。由于受身体病痛影响，小王负责的项目出现了问题，使团队一起加班熬夜赶工作。

小王内心十分羞愧，管理者这时并没有责怪小王，反而称赞小王：“首先，很感谢你为团队的付出，生病了也不想耽误工作。但是大家都觉得还是身体要紧，先保重身体比什么都强。你不用太内疚了，有什么问题大家一起扛，不也挺好的嘛！”

小王深受感动，因为管理者能够站在自己的角度思考问题。病好后，小王的心态也发生了变化，在工作上更为积极了，并发挥出了自己的潜能。

当管理者站在员工的角度上思考问题时，就意味着管理者会对员工做事的态度和方式多一些理解和宽容，更容易与员工产生共鸣，拉近彼此之间的距离。同时，管理者在换位思考的时候，还能够将心比心。将心比心就是设身处地地为别人着想。这就要求管理者积极地将自己的情感、思维与员工联系起来，与对方的需求形成呼应，进而以包容的心态去理解员工的行为，知道如何激发员工的潜能。

那么，管理者在与员工沟通的时候，如何做到换位思考，将心比心呢?

（1）“如果我是他，我最希望得到的是什么？”

管理者在换位思考时，就要想员工之所想、急员工之所急。管理者要想：“如果我是他，我最希望得到的是什么？”只有当你给的东西是对方最想要的，才能发挥出巨大的效果。

举个简单的例子，有人喜欢吃香蕉，不喜欢吃苹果，你费尽心思给对方弄来一车苹果，并跟对方说这苹果多么得来之不易，你费了多少心力。然而你却发现，对方其实并没有你想象中的那么感动和开心。因为苹果不是他最需要的。但是，如果你给他一根香蕉，会比你给他一车苹果更让他激动。这就是想要的与不想要的之间的差距。

所以说，管理者要站在员工的角度看员工最需要什么，而不是自己需要什么、喜欢什么就给员工什么。要了解员工喜欢什么，就需要站在员工的角度去思考。

例如，员工的孩子从老家来，你可以奖励她一天假期，让她多陪陪自己的孩子。相信一定比奖励她一个她用不上的礼物要强得多。

换位思考，以心换心地给予员工想要的东西，员工才会付出真心，给你更好的回馈。

（2）“如果我是他，我喜欢像我这样的管理者吗？”

如何换位思考，以心换心？其实，只需要问自己一个问题。无论是以什么身份，如夫妻、情侣等各种关系中，我们都可以假设自己是对方，我们可以问自己：“如果我是对方，我愿意喜欢我吗？”如果你的答案是否定的，说明你还有很多需要改进的地方。

对于管理者而言也是如此。管理者需要问自己这样一个问题：“如果我是他，我喜欢像我这样的管理者吗？”管理者通过自我询问，可以帮助自己切换身份和角度看待自己，了解自己身上的优缺点，进而有针对性地改正自己的缺点。

在这种情境下换位思考，管理者更能以开放、包容的心态去理解对方的行为，进而可以从这些行为中了解员工的想法和需求，然后帮助他们满足需求。

（3）“如果他像我对他那样对我，我会怎么做？”

如果只站在自己的角度考虑问题，我们可能永远无法理解对方为什么会那样做。但是如果我们换个角度思考，如果我是对方，对方是我，他像我对他一样对我，我会怎么做。你会发现，换位思考后，你立马能理解对方的行为。

有这样一个寓言小故事。有一天，一头猪、一只绵羊和一头奶牛，都被牧人关在了一个栏子里。绵羊和奶牛并没有表现出激烈的情绪，只有猪在大声嚎叫，挣扎着想要出去。

奶牛和绵羊十分不满猪的嚎叫，于是抱怨道："我们都是跟你一样被抓来的，也没像你这样大呼小叫啊！"

猪听到绵羊和奶牛的抱怨后，回答道："我们不一样啊，他捉你俩回来是要你的毛和汁，可捉我回来，却是要我的命啊！"

针不刺到你的身上，你永远不知道有多痛。站在自己的角度去看待别人的行为，你很难了解对方真实的感受，甚至会对对方做出的行为有一定的误解，从而对对方造成伤害。所以为了避免这种情况发生，管理者就需要问自己"如果他像我对他那样对我，我会高兴还是（愤怒）"。

中国古代教育家、思想家孔子在《论语》中提到：己所不欲，勿施于人。如果自己感觉愤怒，就需要理解员工的不满和抵触，要站在员工的角度去理解自己的行为。

如果仅仅站在自己的位置上评价、看待员工，你无法理解员工的难处，更无法以心换心，这样不仅不会激励员工努力工作，反而会伤害员工，让他们失去工作的信心。

（4）"现在，我更好的做法应该是……"

当你是员工的时候，你觉得领导强势又抠门；当你是领导的时候，你就会觉得员工没有责任心。位置不同，代表的立场就不同，对事情的看法也不同。而看法和立场不同，就很容易造成双方之间的误解和冲突。

而要解决误解和冲突，就需要管理者换位思考，以心换心。那么，管理者就要思考这样一个问题："现在，我更好的做法应该是……"

换句话说，管理者要将思考转化成行动。如果管理者一味强调员工的行为和处事方式不对，并因此训斥或责骂员工，只会让员工认为领导心情不好，故意刁难自己。但是如果管理者在员工犯错的时候，提出更好的解决方案，员工不但不会误解领导，反而会感激领导点醒自己，并会因此崇拜自己的领导。

简单来说，换位思考，以心换心，就是让管理者懂得换个角度看问题。这样做，不仅能够帮助管理者更理解员工，也能让管理者看到更多的世界，获取更多的信息，以此来不断完善自己，提升自己的领导力。

3.使用肯定性的词语

管理者在与员工交流的时候，常常使用否定性词语，如"不对的""不可能""没办法""不知道"等。这些否定词语，常常让沟通陷入僵局，甚至让沟通直接中断。

这主要是因为，否定性词语好像关闭了对话一样，限制了员工的思维，无法激发员工的潜能，也让对方无法顺利并愉快地表达自己的观点。在沟通时，过多地使用否定性词语会使整个谈话氛围陷入消极、负面的状态，不利于实现有效沟通。

因此，在教练式沟通中，管理者要多使用肯定性词语。一方面，使用肯定性词语能够极大地鼓励员工，让员工敢于并乐于表达出自己的想法和见解，进而激发自己的潜能；另一方面，多使用肯定性词语能够使沟通氛围更加融洽，让双方能够在轻松的氛围中，表达出各自的想法，让沟通更为有效。

在教练式沟通中，管理者如何使用肯定性词语来激发员工的潜能，进而达成沟通的目的呢？

（1）避免使用消极的口头禅

每个人或多或少地都有口头禅。口头禅有时候甚至会成为一个人的标志之一，影响别人的认识和看法。有的口头禅很受欢迎，因为幽默风趣，能够给人带来快乐，但是有的口头禅却令人厌恶，因为语言粗俗，带有过强的个人主观色彩，如“你懂我的意思吗”“你听懂（明白）了吗”“难道只有我看出来了吗”“真的假的”等。这些口头禅很容易让沟通无法进行下去，无法激发对方的潜能。

因此，管理者在和员工沟通的时候，要避免使用“你懂我的意思吗”这类口头禅，可以将其替换成具有肯定性的“我表达清楚了吗”等。虽然表达的是同一种意思，但明显后者更谦和，更易于让人接受。

（2）多称赞对方

肯定对方最好的办法，无疑是称赞。所以，管理者在与员工沟通的时候，无论是自己在表达，员工在聆听，还是员工在聆听，自己在表达，都要多使用肯定性词语称赞对方。

例如，在员工表达的时候，管理者可以说“说得很好，接着说……”“观点很新颖”“很有执行性”等，最大化地肯定员工表达中积极有效的一面，让员工有表达的欲望和兴趣，从而激发其潜能。

（3）用最好的表达

一般当说话人在表达的时候，听话人会有以下几种情绪：

①说出与你不同的立场；

②并不对你的话做出回应，转而说别的事情；

③否定你的话；

④肯定你的话。

举个简单的例子，一个人说："我觉得喝茶很健康。"

我觉得喝白开水更健康（说出与你不同的立场）；

你上次说的那个活动，你进行得怎么样了（说别的事情）；

喝茶不好，伤害肠胃（否定你的话）；

对，喝茶确实蛮好的，促进新陈代谢，消除疲劳（肯定你的话）。

当你听到这四种回答的时候，观察你的内心状态和情绪。你会发现，当对方认同你的回答时，你的内心才是处于愉悦状态的。同样，管理者在和员工交流的时候，要像我们渴望获得别人的肯定一样去给予员工肯定，要尽量直接、正面地肯定对方的话语，而不是顾左右而言他，甚至说出相左的意见。

除此之外，管理者在回应的时候，在状态上也要显现出正面、积极、肯定，如果你的言语表示出肯定的意味，但是眼神、表情并没有传达出肯定的情绪，依旧会让员工觉得这种肯定不过是一种敷衍。

（4）善用先"跟后带"技巧

管理者可以积极借用先跟后带技巧，去与员工进行有效沟通。人在潜意识当中，是只认可、信服自己的，换句话说，如果你表达的内容传递不到他的心中去，你很难让你的话语在他身上产生效果。所以，管理者在使用"先跟后带"技巧的时候，可以使用肯定性语言让对方在潜意识接受自己的表达，引导对方，激发潜能。

管理者先让对方表明立场，如果员工是和自己的想法一致，要及时肯定，如"说得对""我正是这么想呢"等。但如果你的立场与对方立场不同，管理者第一反应不是否定员工的表达，要先适度肯定。这是"跟"，能够将对方拉入与你同一阵营中；接着，管理者还需要进行引导，引导对方进入你的空间中，在肯定性、友好的表达前提下，再提出自己的补充建议。这是“带”。

例如，员工说：“这个项目的难度真的太大了，我都感觉有点力不从心了。”

管理者可以这样“跟”：

你一定对自己有着高要求，且对项目十分负责任，特别希望尽善尽美，最好能做到最好。（跟正面动机）

这个案子我十分清楚，如果换作我来做，我也觉得难度不小。（跟对方角度）

“这一定很让你操心吧”“你这段时间辛苦了吧”。（跟对方角度）

“跟”的目的是更好地“带”，即管理者通过“带”收集信息，并引导员工以正向、积极的心态朝自己所希望的方向发展。“带”是为了更好地解决问题，说服对方接受自己的引导，并寻找解决办法。

管理者可以这样“带”：

我猜你肯定觉得压力大是吧？（跟）那么你觉得你压力大是项目上哪些内容导致的呢？（收集信息）

我猜你肯定压力很大是吧？（跟）那么现在你希望如何解决这个问题呢？（引导对方）

我猜你肯定压力很大是吧？（跟）我以前也被案子压到喘不过气来，可是我发现问题不但没有解决，反而更困难了，让我无法集中注意力。（说服对方）

4.不要轻易地批评、指责和抱怨

美国著名人际关系学大师戴尔·卡耐基说过："如果你想学会待人处事，那么你就要记住三大原则：不批评、不指责、不抱怨。只有不够聪明的人才批评、指责和抱怨别人。"

但在团队管理中，管理者在面对员工工作中出现的错误时，最常做的就是对员工进行批评、指责和抱怨。但这些批评、指责和抱怨不仅不能改变犯错的事实，反而会打击员工的自信心和积极性，让员工无法全身心投入到工作中。

相反，在教练式沟通中，管理者不会轻易地批评、指责和抱怨员工。因为他们知道，批评和指责毫无作用，只会让员工陷入低沉的情绪中，并且他们会将这种情绪带入工作中，严重影响工作效率。

同时，指责、批评会挫伤员工的自尊心，很容易让员工产生抵触心理。一旦员工在内心跟管理者形成对抗，管理者就很难消除两者之间的误会。

一味地批评、指责和抱怨，不仅不会让员工的行为得以改变，还会让管理者和员工之间的关系更加疏远。可能在管理者看来，他们批评、指责和抱怨，都是为了帮助员工认识并改正自己的错误，但是再有效果的话语，一旦带上批评、指责和抱怨的意味，就像是蘸着毒汁的苹果，对对方都是一种伤害。

所以说，管理者在跟员工沟通的时候，要控制自己的情绪，不要让自己的表达带着个人情绪。无论是工作上还是生活中，我们每个人都渴望得到赞美，而不是指责。管理者如果能以鼓励、赞美来代替批评和指责的话，就会发现员工会朝着你希望的方向发展，管理工作中的问题也会变得更容易解决。因此，在教练式沟通中，管理者不会轻易地对员工进行批评、指责和抱怨，而会换一种沟通方式，激发员工潜能。

（1）把批评变成鼓励

如果员工在工作中出现障碍和失误，管理者要学会用鼓励替代批评。如果管理者总是轻易地对员工进行批评，也就意味着管理者将问题的焦点转移到员工身上。

但是实际上，如果想要解决问题，我们应该把焦点放在问题上，而不是放在导致问题产生的这个人身上。这样很容易引发员工的抵触和对抗，可能会将沟通引入争论的极端。

此外，批评不但会极大地削弱员工的积极性，会让员工失去跟管理者沟通的欲望和兴趣，无法进入深层次沟通的状态，还会让员工觉得管理者占据了制高点，将自身的责任推卸得一干二净。

如果管理者把批评变成鼓励，就会发现问题更好解决。把批评变成鼓励，会极大地缓解沉闷、压抑的气氛。鼓励能够促使人进步，会引导员工做出改变，让员工心甘情愿地付出努力。在这种积极情绪的影响下，员工更容易发挥出潜能，在工作中实现创造。

（2）把指责变成引导

管理者在和员工沟通的时候，经常不顾当时的具体情况，就对员工劈头盖脸地进行指责，让员工在同事面前抬不起头来，极大地挫伤了员工的自尊心。

这种情况下，指责非但没能解决问题，反而火上浇油，让员工对管理者的指责心生怨恨。而且这种负面情绪又直接反映到工作中，表现为工作效率低、积极性不高、工作难以突破，更谈不上潜能的激发了。

因此，管理者不要指望员工能够从你的指望中悟出工作的真谛，指责只会将一件事情变成若干件事情，甚至变成双方的“批判大会”。

相反，如果管理者能够将指责变成引导，则更有益于解决问题，例如，将“你怎么将工作弄成了这个样子，真不知道你都干了些什么”变为“你在实施工作的过程中是不是遇到什么障碍？我觉得你可以尝试这样做……”等。

如果管理者以引导式的语气表达自己想要了解的内容，并对员工的处境给予更多的理解和关怀，就可以很容易地获得想要的信息。

（3）把抱怨变成赞美

把抱怨变成赞美，会给员工带来更多的动力。但是很多管理者在遇到问题的时候，首先不是想着解决问题，而是不断跟员工抱怨。例如，管理者脱口而出：“你怎么还没做好啊”“这点小事要这么长时间吗”“这个你不是挺擅长的嘛，怎么做成这样呢”等。

虽然这些在管理者眼中只是督促工作，但在员工听来就是抱怨。抱怨就会打消员工的工作积极性，会让员工心中产生“我已经很努力在做了，可你轻飘飘的一句话就否定了我所有的努力”“你永远不知道其中的艰难”等想法，进而让员工觉得无法与管理者产生共鸣，导致自己并不能将全部心思都放在工作上，更不能发挥出自身的潜能。

相反，管理者如果把抱怨变成赞美，就会极大地提升员工的工作积极性。

例如，管理者说：“这件事完成得不错，但是如果效率能提升一点，会更好”“这个方案花费的时间确实太长了，但是效果还是不错的，下次时间上稍稍把控下，就更好了”等，让员工感受到你的支持与赞美，而不是抱怨。

当你以赞美代替抱怨时，就会让对方感觉到你在为他着想。赞美的话语是人人都爱听的，如果你令对方内心感到愉悦，你的表达就能打动对方的心，让对方更容易接受你的观点。

5.善于观察，真诚地赞美

在教练式管理中，管理者更多地看到员工的长处，激发员工的潜能，发挥出员工最具价值的一面。管理者如果想激发员工的潜能，首先要具备善于观察的能力，用你的眼睛、耳朵、心灵观察员工，发现员工的优势和特长，然后给予员工真诚的赞美，让员工发挥出自己最大的潜能。

（1）换一个角度看缺点

“垃圾是放错地方的宝贝。”金子如果被掩埋在土堆里，也是无法发光的。缺点放对了地方，就是优点。如果一个员工总是斤斤计较，那么让他做财务的工作，是不是会更令人放心呢？有时候换个角度看问题，问题就变得更容易解决。

在教练式管理者眼中，员工就像宝藏一样会给人带来无穷无尽的惊喜，而管理者就是挖掘宝藏的角色。当管理者能够把员工的缺点转化为优势时，员工的自信心就会增强。管理者既能看到一个优秀的员工，也能让员工发现自己优秀的一面，对双方来说都是一件很好的事情。

同时，管理者还要真诚地称赞员工，如一位员工总是计较，管理者却真诚地称赞员工：“你性格谨慎，我把会计的工作交给你真的很放心。”让员工感受到你的信任和理解，进而发挥出潜能。

（2）观察细节

大部分时候，细节往往能反映一个人真实的状态。因此，管理者在与员工相处的时候，需要留心细节，放大员工的优点。

例如，管理者发现办公室公共区域的植物总是被人细心浇水看护，垃圾在下班后也有人带走，这时管理者就要真诚地赞美员工“花花草草因为你的照顾，生长得更好了”“办公室每天都很干净，原来你是我们团队的田螺姑娘呀”等，让员工感受到你的关注和赞美，内心产生愉悦。

在赞美员工的时候，管理者需要注意的一点是，赞美一定要真诚，既不要过分夸张，又不要显得冷淡。赞美一定让人听起来悦耳悦心，这样才能打动人心，从而激励员工保持这种优秀的行为。

除此之外，管理者也要细心留意员工在工作中的状态，注意观察细节。因为每个人的工作风格都不同，有的员工专注力很好，有的员工耐心十足，有的员工非常细心等，这些管理者都要看在眼里，记在心中，通过真诚的赞美表达出来。例如，对耐心十足的员工说：“把这个数据分析的工作交给你，我是放一百个心。”

（3）留心关注员工引以为豪的事情

管理者需要多留心关注员工引以为豪的事情，这些可能是员工在工作中不会表达出来的，但是如果你能发现，并因此赞美你的员工，将会给他们更大的工作动力，如员工的爱好、朋友、下班之后会把时间放在什么事情上等。

要想发现这些，管理者就需要留意平时跟员工之间交流的信息，或员工跟同事之间交流的信息。从这些“闲聊”中，我们有可能会发现很多信息，如“员工喜欢画画”“员工朋友众多”“员工擅长厨艺”等，捕捉到这些信息以后，管理者要及时地送上真诚的赞美，“你厨艺这么好，下次聚餐的时候，就来请你大显身手”“你看你朋友这么多，一定是性格很好，所以我们和你相处也很愉快呢”。

除此之外，管理还应当将了解的这些信息运用到实际工作中，激发员工的潜能。例如，管理者从与员工的闲谈中了解到员工喜欢画画，并且画得很好。这时，如果管理者将需要绘画的工作交由这位员工去完成，相信员工一定能发挥所长，表现出极大的潜力。让员工做自己喜欢且发挥天赋的事情，员工会极大地享受工作的乐趣和工作带来的价值，这些比管理者的赞美更能发挥出作用。

（4）放大员工的优点

其实每一个员工身上都有独特的价值和优势，只不过有些优点很难被管理者发现。在管理者看来，优秀的员工一定是没有缺点，能够给公司创造巨大价值的。这也无可厚非，但在这种思想的影响下，管理者就很难看到员工的优点，或者对员工的优点熟视无睹。每个人都是有长处的，能不能创造价值，很多时候并不是员工的问题，而是管理者没有采取合适的管理方式，激发员工的潜能。

而教练式管理者就会放大员工的优点，在员工身上发现有价值的地方，并对这些价值点进行引导。而要做到这一点，就需要管理者留心观察。

例如，观察员工在做哪项工作时会付诸极大的耐心和源源不断的热情。员工在哪项工作中不但能够做好，而且做得很出色。

管理者需要培养善于观察的能力，发现员工的优点，并对这些优点给予真诚的赞美，从而激发员工的斗志和潜能，让员工创造更大的价值。

6.如何批评员工

批评是一个技巧活儿。但是在实际的管理工作中，很多管理者并不知道如何批评员工。管理者说轻了不能“点”到员工，让员工有所反省，而说重了，极容易激起员工的负面情绪，让员工心生怨怼，觉得自己的付出没有得到管理者的重视。

因此，管理者在批评员工时，需要掌握方式方法，发挥出“批评”真正的效果。

管理者如果掌握批评的方法，有技巧性地批评员工，可能会比盲目夸赞更具激励性。所以说，在教练式管理中，管理者如果想激发员工的潜能，就要懂得如何批评员工。具体来说，管理者可以参考以下建议：

（1）先自我批评

管理者在批评员工的时候，为什么有时会引起员工的反感？这是因为员工在面临管理者批评的时候，会将其中一部分责任归咎于管理者身上。一般情况下，员工在面对管理者批评时的内心活动是：“就知道说我，你也有不对的地方啊，造成如今这局面的也不是我一个人，如果你当初指导仔细的话，也不会出现这个局面了。”所以，为了避免员工出现这种心理活动，管理者在批评员工之前要先进行自我批评。

自我批评，不仅能够降低员工的防御心理，还能让员工感受到管理者的真诚。因此，管理者在批评员工的时候，需要这样表达：“这件事确实是因为我当初监督不力，没能给你们及时的指导，所以出现如今这种局面有一部分原因在我。但是，如果你们能做好计划的话，我们还是能降低一些失误的……”

（2）批评要明确、及时

管理者在批评员工的时候，还要及时、明确。如果在员工把错误改正之后再展开批评的话，就会让员工心生委屈，觉得自己的努力和改进并没有被管理者看在眼中，“将功折过”也没能达到效果。所以，管理者在批评员工的时候，一定要及时。

管理者发现员工犯了错误，就要及时展开批评，及时“敲打”员工，这样才能起到作用。批评一旦耽搁，就会极大地降低效果，甚至会招致怨恨。

此外，管理者在批评的时候，还需要注意的是，批评一定要明确。如果管理者在批评的时候，总是说“你太让我失望了”“你怎么又是这样”等，员工的内心活动是“我怎么就让你失望了”“我又怎么了”等。这样显然无法帮助员工正视并改正错误，甚至会让员工坚定地认为错不在自己。

所以，管理者在批评员工的时候，要言之有物，即对员工存在的问题进行批评，而不是泛泛而谈，要让员工明确知道自己哪里存在问题，哪里需要改正，需要如何改正等，这样才能让员工心服口服。

除此之外，管理者在批评的时候，还需要注意“尺度”。如果批评过重，就会破坏管理者和员工之间的关系，让双方之间的关系陷入尴尬、僵硬的境地。

因此，管理者在批评的时候，需要注意批评的语气、表情、态度等，如果过分地批评，不讲究情面，很可能让员工情绪崩溃，导致问题更加严重。

（3）拿捏要适中

善于批评的管理者在批评员工的时候，就像是中医摸穴位一样，能迅速地找到导致病痛的关键穴位，拿捏适中。任何事情，都需要掌握好“火候”，拿捏适中，才能处理好。

当一件事情造成严重后果之后，并且涉事的员工已经意识到事情的严重性，管理者这时如果过度、严厉地批评，只会加重员工的心理负担，使员工心生内疚，严重者会导致员工主动离职。所以，事情越严重，管理者批评的时候，越要点到为止。

当问题不太严重时，管理者要“重拿”。例如，员工经常迟到，虽然不耽误工作，但毕竟违反了公司的规章制度。管理者反而要严厉批评。

例如，“你这样迟到下去不行，会影响你的工作效率”“总是迟到，对其他同事也会产生消极影响”“迟到会影响你的工资，而扣工资肯定会影响你的情绪，影响你的工作”等，让员工知道问题的严重性。

管理者对员工展开批评的时候，需要掌握好火候，把握好分寸，使批评能够深入员工的内心，激发员工的潜能，使员工更有动力地投入到工作中去。

（4）善用幽默的语言

管理者如果使用幽默的语言批评员工，能够达到四两拨千斤的效果，既给员工找了一个台阶下，又能让员工愉快地接受管理者的批评。

举个例子，有一个员工在上班时间总是玩手机。一般来说，管理者会批评员工：“上班时间不允许做私人的事情，我是雇你来工作的，不是雇你来玩手机的。你这样的行为很不合适。”这种批评语气单调冷淡，虽然也能达到效果，但是太过直接，会让员工在其他同事面前丢面子。即便员工改正了行为，但可能会把这种负面情绪发泄在工作上，工作不再尽心尽力。

但如果管理者使用幽默的语言对员工进行批评：“我知道绝对不是你想要玩手机的，绝对是手机‘先动手’的，你不好拒绝它所以才玩了起来。我充分地考虑到了你的心理，所以如果下次摆脱不了它，你交给我，我来帮你搞定。”管理者通过这种幽默的语言批评员工，既能让员工认识到自己的问题，又能让员工乐于接受。

管理者在批评员工的时候，如果想让忠言“顺”耳，就要把批评裹上蜜糖，让员工心甘情愿地吃下去。

（5）把目标放在行为上

管理者在对员工展开批评的时候，需要将关注点放在行为上而不是员工身上。例如，员工总是完不成工作，管理者在批评员工的时候，避免说“你怎么搞的，为什么把工作做成这个样子，你还想不想干了”。专注于员工身上，首先会转移问题，不能让员工有效地解决，因为有时员工都不清楚为什么工作出现差错或没能达到管理者的要求。

所以管理者在批评的时候，需要专注于员工的行为上而不是个人身上。例如，管理者在批评的时候，可以这样表达：“工作出了些失误，这些失误都是你以前没有发生过的，是不是遇到什么难题了？”当管理者将自己脱口而出的批评转变一下问法时，能够收到不一样的效果，更能引导员工表达出真实的想法和真实情况。

第6章

成长教练：如何让员工乐意改进

成长教练是教练式沟通中很重要的一部分。教练式管理者会很有技巧地采取积极有效的方法帮助员工实现成长，不断提高员工的迁善能力。

1.对事不对人：描述事情本身

在团队管理中，管理者在员工出现问题时往往对人不对事。具体来说，管理者很容易将解决问题上升为批评员工，渐渐地会转移问题的焦点，偏离重心，甚至可能说着说着，就将一件事情变成十件事情，转到了对员工各方面都批评指责上，并不能达到良好的效果。但在教练式管理中，管理者则强调对事不对人，即描述事情本身。

“对事不对人”就是管理者对员工进行教练的时候，只将注意力放在事情上，包括事情的起因、经过、结果、对事情的评价。它要求管理者能够将焦点放在问题和解决问题上，客观地描述事物，而不是纠结于员工的个人行为。当管理者能够做到对事不对人的时候，就可以端正自己的心态，引导员工去关注问题，从而让员工在解决问题时乐于改进，得到成长。

管理者不要评价员工如何，而是评价他做的事情如何。但在团队管理中，管理者想要做到对事不对人，其实是很难的，因为人在表达一件事情的时候，往往会带上个人情绪。因此，管理者与员工交流的时候，要专注于描述事情本身，而不是将自己过多的注意力聚焦到点评员工的行为上。

（1）描述问题真相

管理者在和员工沟通之前，首先要清楚地了解发生了什么事情，而不是从其他员工那儿“道听途说”。当然，从其他员工那里了解事情也是一个途径，但是每个人对事情的看法不同，其他员工在传递消息的时候，很可能在其中加入了自己的观点，导致最后管理者听到的事情并非“真相”。

所以，管理者在跟员工沟通的时候，要深入了解事情的“真相”，管理者可以询问员工“在什么情况下发生的”“当时的具体情况是什么”“你有没有采取什么补救措施”等。

管理者和员工需要针对这几个问题展开讨论，并积极地解决问题，而不是将关注点放在员工身上，更不能翻旧账，如“为什么你还是会犯同样的错误”“你之前就老是这么马马虎虎的，这次还是这样”等，只会让员工不想参与接下来的交流。

当清楚地知道发生的事情后，管理者最后需要用总结的方式，将知道的“真相”描述出来，并与员工确认自己理解得是否正确。

（2）多使用“我们”描述问题

管理者如果想让员工积极地参与到沟通中来，营造“对事不对人”的氛围，就需要多使用“我们”描述问题，而非“你”。

首先，多使用“我们”能够快速地拉近与员工之间的距离，让员工感觉到管理者是和自己一起承担这件事情，而不是被管理者放在了对立面。

其次，当管理者使用“我们”时，就无形中将自己和员工都拉入到描述事情、解决问题上，会减少对员工的个性和行为的评判，而专注于解决问题。

最后，当管理者在表达中多使用“你”时，会在无形中和员工形成对立的情绪，如“你怎样怎样……”“你当时是怎么处理的”“你怎么把事情弄成这个局面的”等，这样很容易让员工感受到管理者的情绪和意见，进而影响沟通效果。

除此之外，管理者在和员工沟通的时候，需要建立积极的交流氛围，而不是让交流变成“批斗大会”。当交流变成一种情绪发泄时，就会偏离“对事不对人”的初衷，而走向“对人不对事”的极端。

（3）关注行为而不是个人

管理者如果希望自己能够做到“对事不对人”，就需要将重点放在行为上，而不要让自己的情绪引导事态的发展。

首先，管理者要客观描述一下员工做这件事情的经过和发展，描述事情本身与员工行为。这时候，管理者不需要发表自己的建议和意见，或者占据制高点评价员工的行为，因为这样不仅会破坏气氛，还会令员工反感。

其次，管理者需要向员工表达出这件事情造成的影响。此时需要注意自己的语气，切忌让表达变成抱怨或指责。管理者之所以阐述影响，是想让员工明白事情的重要性，找到解决问题的突破口。这些表达都是为了帮助员工做出积极的改变。

最后，管理者需要向员工表达出自己的期许，即希望员工能够在接下来的工作中做出哪些改变，如何解决当前问题。

举个例子，员工总不能如期完成任务。管理者这时如何做到“对事不对人”？

管理者需要向员工表明，“如果你不能如期完成任务，那么我们部门每个人的计划都要做出调整，甚至会影响我们后续工作的安排。所以我希望下次你能按照我们规定好的日期完成任务。”

管理者在表达的时候，只需要描述事情本身就好，不要在表达完事情之后，为了发泄自己的情绪和愤怒，再追加一句，“我觉得你做事就是很拖拉，有拖延症，办事不干净利落”。这种表达方式就属于“对人不对事”，将问题引到了另一个话题上，即对员工行为展开点评。

在这个过程中很重要的一点是，如果员工按照你的要求，做出了改变，管理者就需要积极地对员工进行表扬，再一次表明自己“对事不对人”的立场，让员工乐于接受改变，帮助自己获得成长。

2.表明对员工的理解

在团队中，不难听到员工抱怨：“管理者怎么就不懂我呢”“为什么我总是吃力不讨好”“我没有功劳也有苦劳，为什么管理者总是盯着我的错误不放，对我的成绩和付出熟视无睹呢”等。

无论员工抱怨的是否完全与管理者的实际行为匹配，都透露了一个事实，即管理者在沟通时没能对员工表示出理解。

在教练式管理中，管理者如果想让员工乐于改进，就要表明对员工的理解。

理解是一种非常重要的能力，发挥着巨大的能量。当员工感受到管理者的理解之后，更能够感受到管理者的真诚与关怀，从而更容易敞开心扉，以更为积极的心态去面对工作。

（1）允许员工犯错误

管理者想对员工表明自己的理解，首先就要允许员工犯错误。如果员工犯错误的时候，管理者说：“你出现这样的错误我很理解，因为这地方就是有一个陷阱。稍微理解不好就走偏了”“换作我，我可能也注意不到这个问题”等，向员工表示出你的理解，就会降低员工的愧疚，帮助员工成长。

（2）预料员工的反应

员工在工作中遇到困难和障碍之后，管理者如果能事先预料到员工的反应和行动，并向员工提供他需要的帮助，无疑是雪中送炭。员工会觉得管理者是懂自己、关注自己的。就像一个人渴了需要一杯水，刚好此时有人端来一杯水，那个人内心肯定会涌现出难以言表的惊喜和感动。

管理者对员工的帮助，对员工来说原本就是一种感激，而当员工还没有向管理者寻求帮助的时候，管理者就做好了准备，这对员工来说无疑是巨大的惊喜。

例如，员工在处理一个艰难的任务时，迟迟无法打开思路，管理者细心地注意到员工可能遇到了困难，于是主动和员工沟通："要不我们一起讨论讨论吧""这个任务难度确实很大，让你一个人做确实很辛苦，你想找谁一起搭档"等。这些都是管理者在向员工表明自己的理解，并向员工提供帮助。

（3）多多交流

管理者要想更理解员工，就需要跟员工多多交流。管理者要扮演好一个倾听者的角色，并积极地向员工表达出自己的理解。

举个简单的例子，一个员工最近总是迟到，一般情况下，管理者会指责员工说："你为什么总是迟到，公司的规章制度是儿戏吗？"

而教练式管理者会积极向员工了解情况，并询问员工："我看你以前不常迟到，最近一个星期迟到了三次，是发生了什么吗？"

后者表现出了管理者对员工的理解，员工也会在管理者的理解下，说明真实情况，并会积极地改变自己迟到的行为；而前者虽然也能使员工改正行为，但破坏了双方之间的情感，会让员工更消极地面对工作。

因此，管理者向员工表明理解，一个很重要的途径就是与员工多多交流。一方面能够帮助管理者了解员工行为背后发生的真正原因，帮助员工改进其行为；另一方面在聆听的时候，管理者也可以表现出对员工的理解，让员工树立积极的心态，去处理自己在工作中遇到的难题。

（4）己所不欲，勿施于人

当领导具备较高的品格，能够做到“己所不欲，勿施于人”时，对员工来说，这就是一种极大的理解。所以说，管理者在跟员工相处的时候，要秉持这种理念，让员工感受到极大的尊重和理解。

如何更好地理解他人？就是把自己当成他人。如果管理者自己不想被人此般对待，就要推己及人，不要这般对待员工。管理者可以参与到员工的任务中，与员工一起攻克难题。在完成的过程中，管理者就能感受到员工工作的难度和不易，并适时地肯定员工在工作中的表现，真诚地称赞员工对工作的付出和努力等。这些都是管理者向员工表明理解的途径。

当管理者真诚地给员工提供帮助，表明自己对员工的理解时，员工就会乐于改进，进而在工作中实现突破。

3.让员工有机会解释说明

在团队管理中，管理者往往比较喜欢把自己放在很高的位置上，发号施令，而员工则处于服从者的位置，去执行管理者下达的命令。当员工工作出现失误的时候，管理者也倾向于不分青红皂白地指责员工，责怪抱怨员工耽误工作、给公司带来损失。

而这些都会让员工心生委屈和怨恨，觉得管理者不理解自己的苦衷，进而会将这种负面情绪发泄到工作中，形成恶性循环。

在教练式管理中，管理者如果想让员工乐于接受改进，帮助员工成长，就要给员工解释说明的机会，以便双方更好地了解事情的来龙去脉，让员工尽情地解释当时的情况和出现失误的原因，也让管理者更客观地看待事情。

同时，给予员工解释说明的机会，是一个非常人性化的举动，能够让员工感受到管理者的理解和真诚，可以让双方之间的交流更亲和，表达更顺畅。

因此，管理者如果想要事情得到更好的解决，想让员工乐于改进，就要给员工解释说明的机会。

（1）你可以告诉我发生了什么吗

管理者在给员工解释说明的机会时，首先要用充满理解的态度询问员工："你可以告诉我发生了什么吗""为什么会出现这样的局面呢，你能详细地跟我说一下吗"等。

管理者要以征询性的语气询问员工，而不是气冲冲地、声色俱厉地指责道："有谁能告诉我发生了什么""为什么做成了这个样子，没有谁能说一下吗"等。后者虽然也是在给员工解释说明的机会，但效果明显比前者差很多。

管理者让员工解释说明的时候，需要注意自己的语气和态度，避免让员工觉得管理者是在"讨伐"，而不是在了解员工的苦衷和想法。

此外，在给对方解释说明的机会时，需要营造积极交流氛围，让对方有倾诉的欲望，也就是说，不仅要让对方说，还要让对方说得痛快，毫无负担地解释说明当时的情况。

（2）让对方把话说完

既然给了员工解释说明的机会，那么就要耐心地等员工把话说完。很多时候，管理者一开始确实给予了员工解释的机会，但员工还没解释几句，因为双方所处的立场和位置不同，看法不同，管理者很容易会打断员工的表达。这时候员工口中的解释在管理者听来可能就变成了"推卸责任”，员工的“苦衷”变成了“借口”，最后导致沟通无法顺利进行，问题难以得到解决。

所以说，要想顺利沟通，解决问题，让员工乐意改进，就需要给员工解释说明的机会，并且要给员工充足的机会去表达自己的想法。在这个过程中，管理者就要扮演好倾听者的角色，耐心听完员工的表达。

有一位将军，为了表达自己关心战士们的生活，“突袭”检查厨房，看战士们都在吃什么饭菜。他来到一口汤锅前，脸色大变，伸手就让边上的士官舀了一勺。士官小心翼翼地说：“将军，这是……”“闭嘴。”没等士官把话说完，将军就严厉地打断了，夺过士官手里的勺子，一连舀了好几勺。最后，将军摔了勺子，非常生气：“这是什么汤，这分明就是刷锅水，你给战士们吃的都是什么！”这时，那个士官嗫嚅着说：“对，这就是刷锅水。”

这个小故事就充分表现出等对方把话说完的重要性。如果不等对方把话说完就妄下定论，只会让误解越来越深，问题变得更难解决。在团队管理中同样如此，管理者不仅需要给员工一个解释说明的机会，还要等员工把话说完，耐心听员工说明真实情况，而不是以自己的思维，主观断定实际情况。

（3）抛开判断

管理者在给员工解释说明的机会时，不光要听员工把话说完，管理者还要抛开判断，设身处地地站在员工的立场上去倾听，了解员工在当时情境下的状态和心理活动，理解员工的难处。等员工把话说完，了解事情的始末后，管理者可以对员工的行为和做法，进行客观公正的评价。

管理者不能依据自己以前对员工的看法和判断，就带着主观印象去评价员工新的行为。

举个简单的例子，如果员工最近总是上班迟到，管理者依照自己对该员工以往爱拖沓的认识，就认定该员工是因为起床晚了而迟到，所以即便听了员工解释，内心还是按照自己的想法去断定员工行为。

在这种情况下，即便管理者给了员工解释的机会，也是毫无意义的，并不能发挥出真正的价值。在听员工解释时，抛开判断是重要的一环。

（4）适当地回应

在听员工解释的过程中，管理者也要做出一定的回应。如果管理者一言不发、表情淡漠，员工不知道管理者此刻心中怎么想，会越说越没底气，从而导致在解释说明时可能会隐藏一部分真实情况，无法表达出内心真实的想法。

因此，管理者在倾听员工回答的时候，要积极地适当地给予员工一些回应，不需要长篇大论，只需要让员工知道你在认真听，并对他当时所处的环境表示出理解即可。

在员工解释的间隙，或员工与管理者眼神接触的时候，管理者要表达出带有理解性和支持性的话语，如“嗯，我知道”“我懂”“我在听，你接着说”等。适当地做出回应，能让员工在解释的时候，表达出真实想法，也更容易让管理者找到解决问题的方法。

同时，管理者在回应的时候，也要注意一些技巧，要简单明确，并找准时机。不要在员工正在表达的时候打断员工的话进行回应，而应该在上一段话语结束后，下一段对话开启前进行回应，或者当员工用眼神征询你的建议时进行回应，帮助员工更好地进行他的解释说明。

4.询问员工的建议

在团队管理中，一旦工作中出现失误或问题，管理者往往火急火燎地想代替员工解决问题。但是管理者会发现，帮员工去解决问题，需要耗费大量的时间了解问题的始末，并且需要经过自己的深入研究，才能寻找到答案，而且答案未必能解决问题。

而教练式管理者在员工遇到问题时，首先会询问员工的建议，了解员工的想法，进而跟员工一起探讨，寻找解决问题的方案。

为什么要询问员工的建议？很多管理者存在疑问，自己无论是资历还是能力都比员工强，完全有能力帮助员工解决问题，不需要参考员工的建议。

而事实并非如此，管理者每天都需要面对很多事情，很难面面俱到，而员工是任务的执行者，对自己执行的任务一定比管理者了解得多，因此会提出更好更有针对性的意见。

因此，管理者如果想让员工乐于接受改进，实现成长，就要控制住自己给出建议的欲望，而是询问员工的建议。询问员工的建议，能更好地了解员工对一件事情的看法，使事情更快地解决。

著名的日本索尼公司总裁森田向来都与员工间建立友好的协作关系。森田几乎每天都会与他手下的员工共进晚餐，积极了解他们的想法，大家也都积极交流，气氛非常愉快。

有一天，森田看见一位年轻职员面带愁色，闷闷不乐地坐在角落里，他打算让这位职员说出自己的心里话。果然，几杯酒下肚，这位职员就跟森田表达出了自己最真实的想法。他说："我在来索尼之前，觉得他绝妙无比。能够加入这个公司我也觉得很荣幸，所以我愿意为公司付出一切。但我很快就看清了一个事实，像我这样的小职员是为了服务我们的上司而存在的。在我们面前，他就代表着索尼，但他是个傻瓜，而我所做的一切都得通过他……所以我失望透了。"

年轻职员的一席话给森田敲响了警钟，他意识到并相信公司里面还会有很多其他的职员也存在这样的想法。于是在这之后，森田让公司的上司在做出决策之前，要适当地询问员工的建议，打破等级间的壁垒，要积极了解员工们的想法。

后来，日本索尼公司越做越强大，做出的产品也极强地呼应了受众的心声。这些结果和询问员工的建议有一定的联系。

在教练式管理中，管理者如何有效地询问员工的建议，既展现对员工的尊重和理解，又能让问题更好地解决，让员工得到成长？

（1）态度真诚友好

管理者在询问员工建议的时候，态度要真诚友好。如果只是形式化地问，那么这种建议请求是没有价值的。因为管理者与员工之间是上下级的关系，如果管理者声色俱厉地请问员工的建议，会让员工倍感压力，从而言不由衷。

管理者如果想听到员工真实的想法和建议，就要勇于打破双方之间的壁垒，真诚地询问员工："你认为这件事情应该怎么解决呢""你对这件事情有什么看法呢""你有什么好的想法呢"等，让员工感受到你是在真诚地询问他的建议，你很在乎他怎么看待这件事情。当管理者倾听员工的表达之后，能够感受到管理者的重视。

（2）适当地发问

管理者在询问员工的建议时，可以通过有效的发问来得到员工更好的建议，引导员工思考，从关注问题向解决问题转换，能积极有效地帮助员工成长。

例如，管理者询问员工："你认为现在挡在我们面前的障碍是什么""如果现在没有这个障碍了，我们该怎么做""你觉得我们现在具备哪些优势"等，通过发问来询问员工的建议，积极寻找突破口。

需要注意的一点是，管理者在询问员工的建议时，要允许员工沉默，给员工思考的时间。而不要将员工的沉默看成是"无声对抗"，甚至管理者要允许员工回答"不知道"。

尊重对方真实的想法和情感，才能更好地帮助对方成长。相反，如果管理者强制地询问员工的建议，只会适得其反，走入另一个极端，让建议变成意见。

（3）相信员工是正确的

管理者在询问员工建议的时候，要持正面积极的态度，要相信员工是正确的。有的管理者在员工给出建议后，会因为员工的建议跟自己的想法有出入，就脱口而出："你这想法不对""不是这样的""不是这个意思"等。这些说法都会打击员工的自信心，会让员工在以后的工作中不敢再提出自己的任何建议。

更为合适的做法是，管理者首先要尽可能地相信员工是正确的，相信员工给出的建议有合理的地方。即便员工的建议与现实情况有一定的出入，管理者也不要直接否定，而要在员工建议基础之上进行补充，明确告知员工如何做才会更加完善。

（4）复述或澄清

受"沟通漏斗"效应的影响，人们在接收他人信息时，不能全然地了解说话人表达的意思。所以，管理者在接收员工的建议后，要进行复述，确保自己理解的就是员工表达的。

例如，管理者询问员工："你刚刚说的是 ×× 意思吗""我刚刚表达的 ×× 是你说的这个意思吗"，通过自己的复述询问员工是否自己懂得了他表达的意思。如果理解有出入，双方要进行澄清，达成一致。

当管理者能够尊重员工的建议，并提供给员工自己的帮助，员工会很乐于接受改进，进而在工作中做出调整，实现成长。

5.提出自己的希望

沟通是双向的过程，管理者不仅需要倾听员工的建议和想法，还要提出自己的希望，表达自己的看法和建议。换句话说，管理者不仅要了解员工，还要让员工了解自己，了解自己的想法和希望，使问题得到更好的解决。具体来说，管理者提出自己的希望，需要包含以下几个重点：

（1）希望要诚恳

管理者在向员工提出自己的希望时，首先要做到态度诚恳。希望不等同于命令和要求，希望包含着管理者对员工殷切的祝福和期待，希望员工能够朝着更好的方向去发展，实现成长，获得突破。

因此，管理者在提出自己希望的时候，要充满感情，要面带真诚的、美好的祝愿，而且语气要富有激情，要让员工心生无限的美好，能够从管理者的希望中得到激励，从而做出更好的成绩。

举个例子。管理者称赞员工道："小王，你最近在工作上的表现真的很不错，看得出你有很大进步，如果你能在数据分析上更仔细一点就更完美了”“小张，你最近的工作真的太让我感到惊喜了，尤其在文案设计上，非常有新意。如果再精简一点，就更完美了”等。

（2）希望要关联员工

管理者在提出自己的希望时，如果仅仅将自己的希望与公司的发展关联，如“我希望我们下个月的销售额再突破一个百分点”“我希望我们的公司在未来五年进入世界五百强”“我希望大家都能实现我们公司的目标”等，很难让员工认为这些事情是跟自己有关的，进而让员工不乐于改进自己。

相反，聪明的管理者在提出自己希望的时候，会将希望与员工密切关联，让员工深刻意识到团队所有的一切都与他们有着密切的关系。

例如，管理者这样提出自己的希望：“团队的发展壮大离不开你们，你们都是我们这个团队重要的组成部分。只有你们充分地发挥才能，我们的目标才有实现的可能”“你们的未来就是公司的未来，你们努力的程度决定公司未来的面貌”等。

在教练式管理中，管理者相信每个员工都有实现伟大创造的潜能。因此，管理者在提出自己希望的时候，要将团队的目标与发展和员工建立紧密的联系，进而让员工有着强烈的参与感和归属感，更愿意做出改进，为自己奋斗的同时也实现了公司的发展。

（3）希望要指导实际工作

希望不是空洞的想法，而要能够指导实际工作。希望是能够实践的，是能够转化为行动的，而不是天马行动，不着边际。

举个简单的例子，管理者提出自己的希望：“希望员工能够多学、多问”，即希望员工在工作中能够多多学习、遇到自己困惑的地方要积极询

问，真实地了解情况；“希望员工能够将理论跟实际联系在一起，不断加强学习”，即希望员工不仅要多看书，还要将从书本上学到的知识和经验应用到现实工作中去，发挥出价值；“要细心地做好本职工作”，即珍惜自己来之不易的工作，认真工作，尽善尽美，付出十足的努力。

管理者提出的希望时，切忌空白、白话、套话。希望是要有方向感的，能够指导员工如何在工作中付出更大的努力，获得自我成长。

（4）希望要有重点

管理者在提出自己希望的时候，不要长篇大论，半天说不到重点。表达希望要有重点，能够让员工明确知道你的希望是什么。所以，管理者在表达时，可以有条理地将自己的希望按照重要性顺序，一条条列举出来，让员工明确知道你在表达什么，你有什么希望等。

除此之外，为了能够让员工乐于接受自己的希望，管理者在表达的时候，不能向下达命令一样列出条例，可以使用幽默的语言表达自己的希望，营造轻松愉快的氛围。

例如，管理者向员工提出希望：“我希望我们下半年能再努点力，创造出更多的成绩。”这种平淡的语气，很难激发员工的潜能和斗志，让员工改进自己，实现希望。

如果管理者用幽默的语言表达出来就是：“大家伙儿，快帮帮我吧，我快坚持不住了，你们就忍心看我一个人与这个大目标日夜奋战？别告诉我，我知道你们内心的答案，你们是不忍心的……”员工会更乐意改进自己，帮助管理者，实现希望。

幽默的语言有一种神奇的力量，能够将自己要说的话增强更多的能量，更易为人所接受，并且可以迅速地拉近两者之间的距离。

6.总结并感谢员工

管理者通过询问员工意见，表达出自己的希望和建议，接下来需要做的是，总结并感谢员工。这是一个非常重要的环节，首先能够让员工清楚地知道双方这次交流沟通的主题，以便更好地投入到工作中；其次，当管理者感谢员工的时候，员工能够强烈地感受到管理者的真诚与尊重，会把这份感动带入到工作中，进而积极开展工作。因此，为了能够做好这份工作，管理者在总结并感谢员工时，需要做好以下几点：

（1）态度要真诚

管理者在总结并感谢员工的时候，态度一定要真诚。如果总结和感谢只是例行公事的话，就是浪费时间的一种行为。感谢是要发自内心的，真诚的赞美，而不是为了感谢而感谢。

管理者在总结和感谢的时候，表达要自然而流畅，如果管理者表达的感谢让员工感觉是“憋出来”的，或者在表达的时候词不达意、拐弯抹角，都会让员工觉得不真诚，情感没有落到实处。

此外，管理者在总结和感谢的时候，需要直视对方。尤其是管理者感谢某位员工的时候，直视对方的眼睛，更能让对方感受到你的诚意和感谢。

（2）客观地总结自己

管理者在总结的时候，不仅要总结员工的表现，还要总结自己的表现。管理者要客观公正地总结自己，既要包含自己付出的、辛劳的、对员工富有支持性的一面，又要包含自己有缺点的、做得不足的一面。

很重要的一点是，管理者可以通过总结自己来影响员工，帮助员工成长。管理者不能直接、生硬地让员工去改变、去成长，但管理者可以通过改变自己而潜移默化地影响员工。

（3）先总结后感谢

为了让表达效果更完整有效，管理者要先总结后感谢。管理者在总结的时候，要有所侧重。总结如果总是长篇大论的话，不仅会让员工无法清楚地了解管理者表达的重点，还会让员工心生疲倦。因此，管理者总结的时候，要简短，说到实处，不要为了总结而总结。

如果管理者先感谢后总结的话，会极大地分散员工的注意力，员工会下意识地反复咀嚼管理者感谢的真正含义。

举个例子，管理者在感谢员工时，重点感谢了某一位员工，“××在这段时间，表现得十分出色，所以我们这个月的销售额有了突破，另外，受众对我们这期产品的好评率也很高……”这时其他员工会将自己的注意力转移到这位受到夸赞的员工身上，管理者再总结的话，就会导致效果降低。

所以，总结最好放在感谢之前。总结中包含着方方面面的信息，如这一阶段的工作进展、工作经验、员工成绩和表现等，总结需要归纳出员工的建议和意见，以及下个阶段工作的重点和方向等。

管理者在总结之后，需要及时向员工表达感谢，积极向员工表明，正是因为员工的付出，团队的发展才如此迅速、卓有成效。总而言之，管理者需要把握好时机和火候，这样的总结和感谢才能取得双重效果。

（4）感谢要言之有物

感谢不要过于笼统，要言之有物。有的管理者在感谢员工的时候，往往大而化之。例如，很多管理者在感谢员工的时候，会说："这段时间非常感谢大家的付出，大家辛苦了。"

首先这样的感谢没有重点，其次这样的感谢并不会激励人心。员工在听到管理者这般感谢的时候，只会觉得感谢只不过是管理者随口一说，并没有包含太多的真诚。

真诚的感谢是言之有物的。例如，管理者想要感谢一位一直以来都不畏困难的员工时可以这样表达："正是由于你的坚持和挑战困难的勇气，才让我们的工作一直都有所突破。这次我们跟新的合作方建立了合作关系，你的付出起到了很重要的作用。"

管理者在感谢员工的时候，需要明确，言之有物，让员工知道你为什么要感谢他，并在正确的方向上不断努力。

（5）感谢要全方位

管理者在感谢员工的时候，还需要做到全面感谢。每位员工对团队的发展都有独特的价值和作用，都对团队做出了贡献。因此，管理者在感谢员工的时候，不能仅因为自己偏爱某位员工或某位员工对公司的价值明显，就对他极力感谢和表扬，甚至把大家共同努力的成果都归功于一人，而是要对每位员工都进行感谢。

首先，这一行为对其他员工是不公平的，忽视了其他员工的付出与辛劳；其次，这一行为显现出管理者强烈的急功近利的心态，会引起员工的不满，激化内部矛盾；最后，这种行为不利于团队的健康发展。

（6）直接感谢

很多管理者喜欢在感谢或表扬员工的时候，顺带说员工的缺点，其实这种行为是非常影响员工心情的。甚至会让员工觉得管理者是想说出不足才表达感谢的。所以，管理者切忌在感谢之余再说员工的不足和需要改进的地方，这样会让感谢大打折扣。

7.提高员工的自驱力

在团队管理中，很多时候管理者制定的一些策略，虽然能够达到一时的效果，但是并不能发挥长久的作用。一旦过了时间，就会失效，无法促进员工做出长久的改变。

因此，为了改变这种情况，管理者要制定持久改变的策略，一直激励员工在工作中付出源源不断的努力，并不断取得进展。具体来说，在教练式管理中，管理者制定持久改变的策略，可以使用以下几种方式。

（1）员工自我驱动策略

在教练式沟通中，管理者相信员工具有伟大的潜力，有创造伟大成就的可能。而这一切的改变都以员工自己的力量为主导。如果管理者能够驱动员工自我改变，那么所创造出的能量是巨大且持久的。管理者如何有效地让员工自我驱动？

管理者要充分地信任员工，相信员工的能力和选择。如果管理者过于控制和干涉员工，只会大大地削弱员工在工作中的能动性和积极性，限制员工的发展。时间久了，员工会觉得失去工作的动力和热情，不能从工作中获得价值感。

相反，如果管理者相信员工的能力和表现，并根据员工的能力去安排工作，极大地发挥员工优势，也能使员工在工作中建立起强烈的内心力量。而这种方式，就能让员工实现自我驱动。这种驱动能够激发员工更多的潜能，让员工实现创造。

（2）价值管理

美国著名的企业家小托马斯·沃森曾经说过："分析任何一家存在了多年的大企业，你都会发现它的适应性不是归功于组织形式或管理技巧，而是归功于我们称之为'信条'的力量以及它们所产生的对员工的巨大凝聚力。"充分聚焦价值管理，让员工能够从工作中获得绝大的价值来源，提升员工对本身工作价值的认同，也是驱动持久改变的策略之一。

价值管理驱动持久改变并不难理解，就像三人同时在砌墙，第一个人就只认为自己在做泥瓦工的工作，第二个人认为自己在盖一座房子，而第三个人认为自己正在创建一个绝美的艺术品。相比来看，第三个人更能够找到内在价值力量，从而源源不断地驱动自己持久改变，看到自己所从事工作的价值。

北京小米科技有限责任公司的成功就不仅仅是因为优秀的产品和精良的设计，它的成功还在于员工价值。梦想和价值是激励小米人聚在一起的核心原因。

最早，小米公司是由56名员工共投资了1100万元而成立的。其中一名员工刚研究生毕业，把家里的股票全卖了，给同事们群发了一封邮件，说她把自己的嫁妆钱全都拿出来了，从此就"嫁"给小米了。

一群人，一个梦想，一个心愿，创建共同的价值。

所以说，如果管理者能够让员工从更高的层次看待自己的工作，就能够激发员工更大的潜能，创造出更多的价值。并且这种价值管理能够带给员工源源不断的幸福感和动力，能够持久驱动员工做出改变，乐于改进，在工作中不断取得新的进展。

（3）共同愿景驱动

团队的共同愿景也能驱动员工持久改变。共同愿景建立在共同价值观基础上，是对组织发展的共同愿望，并且这个愿望不是被命令的，而是全体成员发自内心想要争取、追求的，它使不同个性的人聚在一起，朝着共同的目标前进。

在教练式管理中，管理者乐于让员工看见团队长远的发展目标，让员工预见性地看到自己的工作成果，从而清楚知道自己为什么而努力，朝着哪个方向而努力。

相反，如果团队发展缺少共同愿景的支撑，就会让员工在工作中无法建立起价值感和方向感，日子久了，员工就会浑浑噩噩，没有工作的动力。这种情况下，显然不能长久驱动自己投入到工作中去。

例如，世界著名企业麦当劳的愿景是："我们的愿景是成为世界上服务最快、最好的餐厅。"而他们的工作也正验证了这一点，在迅速变化的商业环境里，能够屹立持久，也给员工带来了持续不断的动力和幸福感。

因此，管理者要积极地建立共同愿景，以驱动员工持久改变，做出更好的选择。而要做到这一点，就要求管理者能够将员工的个人愿景与团队发展深刻联系起来，让员工能够在共同愿景中看到未来，从而激励自己不断地取得进步，乐于接受改进，帮助自己实现更好的成长。

（4）满足员工的需求

每个人的需求都是不同的，或者在不同的阶段也会产生不同的需求。有的员工注重薪酬待遇，有的员工注重尊重需求、交往需求，还有的员工注重自我发展需求。而只要能够满足不同员工，不同阶段的需求，就能更好地驱动员工持久改变。

如果想要满足每个人不同的需求，那就要求管理者能够读懂每一个员工在不同时期的需求，并根据不同的需求，制定不同的发展策略，以促使员工能够积极不断地取得进步。例如，员工十分注重自我发展需求，那么管理者就需要帮助员工制订个人成长计划，激励员工持久改变，以达到自己的目标。

所以说，要想驱动员工持久改变，就需要了解员工需求，进而满足他们不同阶段的不同需求，以驱动员工持久改变，实现更大的突破和成长。

第7章

目标教练：如何帮助员工构建目标

目标教练是教练式管理中至关重要的一个环节。管理者要积极地教练员工构建目标，全程关注并引导员工，实现突破，获得成长。

1.提出开放性的问题，引导员工建立目标

在团队管理中，管理者总想着改变员工，让员工能够按照自己的心意和想法去工作，但结果并不尽如人意，甚至越来越糟糕。这主要是因为每个人都有自己的看法，而受控于人则会限制能力的发挥，也无法在工作中实现突破。

而在教练式管理中，管理者就像是员工的引路人，他们并不干预员工的行为和发展，他们相信员工的潜能和创造力。所以，他们通常的做法是，通过开放性的问题，引导员工看到目标，从而激励员工实现自我迁善，为实现目标而付出更大的努力。在实际工作中，员工只有看到目标才会有动力，才愿意积极发挥自己的潜能，实现目标。

哈佛大学曾经做了一个实验，对一批智力、能力差不多的大学生做了一个统计和跟进。有长远目标的人占 3%，有短期目标的人占 10%，目标模糊的占 60%，没有目标的占 27%。

25 年以后，再来跟踪这一群人，发现有长远目标的 3% 的人，都成为行业的精英和领袖，出类拔萃；有短期目标的 10% 的人，工作和生活都很安稳，他们在某些领域里做得很专业，成为专业领域的专家，如医生、律师、工程师等；60% 的目标模糊的人，没有什么成就，生活工作都很平淡，一生碌碌无为；27% 毫无目标的一群人，生活在社会的最底层，依靠

救济度日，常常抱怨社会、抱怨他人，过得非常艰难。

这个测验和跟踪结果说明：目标设立对人生影响很大。而教练式管理者则注重帮助员工构建目标。但是教练式管理者的做法并不是按照自己的意愿，帮助员工设立目标，而是通过提问的方式，引导员工看到目标。这种方式更利于员工理解目标，并积极实现目标。

开放性提问是指广泛、范围较大的问题。这种问题并不限制答案，可以给予对方充分表达的自由和空间。它的句式通常包括“什么”“为什么”“如何……”“怎样”“什么……”“哪些……”等，能够让员工表达出更多的、更有价值的内容和想法，而不是以“是”或“不是”来作答。

另外，开放性提问是以员工为主导，能够让员工感觉到自己被尊重、被理解。这样员工就更愿意与管理者展开积极的沟通，并且会更真实地表达自己的想法。

那么，在教练式管理中，管理者如何提出开放性的问题，引导员工看到目标呢？

（1）“你想要什么？”

在日复一日的工作中，员工可能会丧失对目标的追求，忘记自己的初衷。这时管理者就要积极提问，如“你当初为什么会选择这份工作”“这份工作给你带来了什么”“你希望在这份工作中达成什么愿景”等；还可以更直接提问，如“你想要什么”。

开放性地提问员工，可以引导员工深入思考，帮助员工看到目标，从而获得源源不断的动力。开放性提问需要对方做出深入的说明，所以管理者在提问之后，还要认真聆听员工的想法，并在聆听的过程中，表达出对员工的回答很感兴趣，让员工能够积极、真实地表达想法。

（2）“你擅长什么？”

有时候，员工只是为了生存而工作，他们并不能在工作中发现自己的价值或者工作的乐趣。这主要是因为他们并不知道自己擅长什么，有哪些爱好。而人一旦做了自己擅长或者感兴趣的事情，很容易在工作的时候获得成就感和快乐，进而让他们更乐于工作。所以，管理者在帮助员工构建目标的时候，需要询问员工“你擅长什么”。

教练式管理者就像是一面放大镜，他会放大员工身上的优势，并且积极鼓励员工，让员工看到更多的可能性。教练式领导相信每个员工都能摘到“星星”，获得成功。所以，管理者会通过询问员工“你擅长什么”，帮助员工看到自己的优势，从而找到适合自己的目标。

（3）“你‘看’到了什么？”（你的目标）

为了能够帮助员工真实地“看”到目标，管理者还可以通过创建想象空间帮助员工达成目标。

首先管理者需要和员工共同寻找一个轻松、平静的环境，静下心来想象自己进入未来，想象自己已经达成目标，实现理想。在想象未来成功的时候，大脑中出现了什么样的意象？抓住重要意象并记录下来。然后调动起全身的感官去想象、触摸、感受达成目标后的一切，让这种意象成为自己的动力。

例如，管理者需要不断询问员工“你希望在未来成为一个什么样的人”“实现这些需要什么条件”等。通过开放式提问，先将员工带去未来空间，再一步步回到现实中来。

在这一过程中，管理者已经帮助员工充分感知了目标实现后的状态和情感，接着就需要管理者带员工慢慢沿着理想——现实这条路途返回，并逐个记下自己的“所见”“所感”“所想”。

当员工已经体验到了达成目标后的感受，想象自己如果在时间上撤回一步，也就是在达成目标之前的一个月，发生了什么以及自己当时在做什么；然后在现实中也相应地退回一步，看看发生了什么，此时自己又在做什么。以此类推，直到自己明确当下的工作目标和计划。

管理者通过开放式提问，逐步帮助员工返回到现实中来，能帮助员工清晰地了解自己所要操行的步骤和每一步所要付出的努力。最后，回归现实，深切感知当下，员工就能清楚地“看到”自己的目标。

2.深度聆听并通过关键词进行提问

在教练式管理中，为了帮助管理者构建目标，管理者需要建立深度聆听。在聆听的过程中，还要善于提问关键词。因此，管理者要做好以下工作：首先了解什么是深度聆听，在听到对方的表达之后，管理者要提问员工表达中的关键词。

深度聆听是指管理者在聆听员工的时候，完全敞开心扉，站在员工的立场上与员工共情，聆听员工表达之后的情绪、需求等，让对方感到信任和理解，从而让员工也敞开心扉，表达出更多的内容和想法，与管理者产生共鸣，建立深度沟通和友好关系。

管理者在深度聆听之后，需要主动表达自己的理解。而表达自己能力最好的方式，就是提问关键词。管理者如果在提问的时候过于直接，很容易让员工感觉管理者并未认真聆听员工的表达。

举个例子，管理者如果想从员工那里了解到事实，直接询问“你刚才说的是什么”“你是什么意思”，不但不会促进沟通顺利进行，反而会让员工产生抵触心理，阻碍沟通进行。

更为妥善的表达方式应该是“你刚才说新的方案，是不是……意思”“你说的那个……创新方案，是不是……”。

关键词能够高度表达管理者想要提出问题真正的价值，所以管理者需要有提炼关键词的能力。这就要求管理者深度聆听员工的对话，善于抓住员工表达内容中的关键词。

提问关键词是一个去伪存真的过程。管理者想要掌握提问关键词的能力，需要掌握以下技巧：

（1）提问之前先聆听

管理者在提问员工之前，先要聆听。管理者在进入深度聆听之后，需要做好以下几点准备，以便更好地了解员工的话语。

一是要抛开自己的偏见和主观看法，聆听员工的全部；

二是在倾听的时候，要以支持性的态度进入聆听，肯定员工的表达，而不是持批评的态度；

三是在聆听的时候，要先理解对方，要积极寻找对方感兴趣的一部分，设身处地地看待事物，权衡利弊；

四是在倾听的时候，保持谦逊的态度。不能因为自己是管理者，就高高在上，不顾员工的感受。

（2）及时抓住员工表达中的关键信息

在聆听的过程中，管理者需要及时提炼到员工表达的关键信息，以便对关键信息进行提问，确保管理者理解了员工表达的内容。

举个例子，团队召开了一次总结会议，各成员需要总结自己这段时间以来的表现以及得与失等。

员工小李总结道："我在这半年多的时间里，得到了很多的锻炼，成长较为迅速。虽然在这其中，我也面临了一些挫折，可是这些挫折使我越来越坚定自己的方向。我希望我能在未来的时间里，实现自我成长，我希望我能晋升到中级管理者的职位，胜任更多的工作，承担更多的责任。同时也希望和我的同事一起努力奋斗，帮助我们团队做大做强……”

在员工这段话语中，管理者要通过深度聆听找出关键词，如“方向”“自我成长”“中层管理者”“责任”等。

管理者在聆听关键词时，可以从员工说话的声调、神情、语气、眼神等了解员工对自己表达中的哪部分内容最在意。例如，当员工说到“实现自我成长”时，音调升高，表情有所起伏。这说明这部分内容是员工在乎的。管理者就需要抓住这些关键词重新提问员工，进一步了解员工的想法。

（3）提问关键词

在这一步骤中，管理者需要这样提问员工：“你现阶段的方向是什么”“你说的‘实现自我成长’能进一步表达下吗”“当你晋升到中层管理者的职位后，你会做出哪些努力”“你觉得你现阶段在公司来说，最大的责任是什么”“你觉得如何帮助我们团队做大做强”等。

管理者需要把自己在员工表达中获取到的关键词一一提问。一方面能够了解员工更多的想法，另一方面也能够清楚地让员工知道，自己需要如何去做，才能实现自己的目标，满足自己的需求。

除此之外，管理者还可以抓住员工在表达时的简单话语，例如员工说：“我这次工作之所以耽误了，是因为在工作展开的过程中遇到了障碍，有些信息和概念是我所不能理解的……”这时，管理者就需要提问关键词“障碍”“不能理解”“信息和概念”等。管理者需要进一步确认员工遇到了什么障碍，什么样的信息和概念是员工现阶段所不能理解的，从一位支持者的角度了解更多问题，并帮助员工解决问题。

3.重复要点：让对方知道你所听到的信息

管理者和员工沟通是双向的过程，管理者既要深度聆听员工的表达，也要重复重点，让员工知道你所听到的信息，否则沟通就是无效的。

员工小李向管理者汇报工作，在讲到项目进展时，小李说："张总，我们当前任务进展比较顺利，都是按照进度要求完成的。但在完成目标的过程中，我们发现了一个新的问题，就是当前的行动方案不足以支撑目标的达成，现在问题出现了新的方向。如果还是按照当前计划进行，会使结果导向另外一个方向……"

管理者听后，重复了小李刚刚汇报的重点内容："你的意思是当前计划出现了新变化，需要调整计划，否则无法顺利出结果。"

小李点头："是的，张总，我们现在要调整计划……"

张总回答："好的，你去通知一下小组成员，我们现在开会讨论，立马解决这个问题。"

因为张总重复了小李想表达的重点内容，使双方迅速达成了解决问题核心点的共识，最终问题得到了有效解决，计划顺利进行。

管理者在听到员工的表达之后，需要重复要点，让对方知道你所听到的信息。重复要点，一方面可以表明管理者认真聆听了员工的表达，另一方面能确定管理者聆听的是否和员工的表达存在误差。具体说来，管理者在重复要点时，需要做好以下几点：

（1）提问式重复

管理者在向员工确认，重复要点的时候，可以使用提问式重复。例如管理者要懂得使用：

“你刚才说的……是这个意思吗？”

“你刚刚是想表达……，为了……”

“××是你想表达的重点吗？”

“你现在需要……支持，是吗？”

“如果我给你……，你就能解决问题，是吗？”

“你的意思是现在最大的障碍，是……，对吗？”

管理者在进行提问式重复的时候，尽量采用封闭式提问。因为这样直接就能让员工确认答案，让对方知道你所听到的内容是不是他（员工）想说的，节省时间和精力。

（2）正向重复

管理者在重复员工话语中的重点时，需要正向重复。正向重复要做好如下三点：

一是调动自己全方位的意识去理解员工的话，但是不能过度理解。

举个例子，员工说：“我这个星期工作很是疲累，感觉自己都快支撑不下去了。”可能员工表达这番话的真实情感是自己这段时间很累。

如果管理者深度解读为：“他是不是不想在这里干了？”在此情绪主导下重复要点为：“你是觉得给你的工作量太大了吗？”

这是一种负面重复，管理者话语中带着埋怨的意味。

二是管理者为了能够顺利地重复出员工表达的要点，就要在员工陈诉的时候，把自己想象成对方，站在对方的角度，用对方的思维和处境去理解对方所说的话真正的含义，就更容易抓住要点。

三是正向确认是指管理者要带着积极、正面的态度向员工确认。管理者在确认的时候，不要带着埋怨、否定、责怪的意味去重复对方的要点，如“你刚才的意思就是说你无法解决这个难题，是吧”“你之前所做的工作都是在浪费时间，是这个意思吗”等。

（3）重复要点≠表达观点

其实，管理者在重复要点时，有一点很重要且值得重视，那就是正确地反馈员工的观点和信息，而不是表达自己的观点。不少管理者在重复要点的时候，总是带着强烈的个人看法和主观情绪，误读员工的话语，从而增加沟通难度。

因此，管理者在重复时，要克制自己点评、滔滔不绝倾诉的冲动，要抱着帮助员工解决问题的态度去重复，尽可能快地领会员工的意思。

（4）确认员工要点背后的情绪

管理者向员工重复要点，其实也就是将自己听到的内容进行确认。在教练式管理中，管理者不仅要会倾听员工的话语，还要会倾听员工的话外之音，即确认员工话语背后的情绪，这也是确认要点时很重要的一部分。管理者要根据员工的情绪来确认员工话语中真正想表达的内容是什么，即要点是什么。

举个例子，员工在向管理者诉说“工作进度受到耽误”一事时，员工会有不同的表达，每种表达背后都有不同的情绪。

表达一：“工作进度受到耽误，里面有问题。”这表现出员工客观公正地看待事情；

表达二：“我的工作进度受到了耽误，影响后续工作的开展。”这表现出员工自责的心理；

表达三：“因为我多了额外的工作，所以工作进度受到了耽误。”这表现出员工潜意识在转移责任，当然一部分是基于客观原因，还有一部分是员工自身的问题，如没有跟管理者进行及时的沟通；

表达四："真是倒霉，工作耽误了。"这表现出自认倒霉的心态。

同一件事情，员工会产生不同的回答，也就是说，管理者要及时意会到员工表达的真正含义和情绪，以便后续向员工确认。

4.对目标进行最终确认

管理者对员工进行目标教练的时候，很重要的一个步骤就是帮助员工对目标进行最终确认。对目标进行确认有以下几点意义：

首先，最终确认目标是给员工自己一个交代，能够帮助员工看到自己最终的目标是什么样子，让员工做到"心中有数"。

其次，目标在确认过程中，还可以进行修正和调整。员工可以充分根据自己最真实的想法对目标进行修改，并在修改的过程中越发坚定自己的信念。

最后，目标的最后确认需要管理者的指导，管理者能够帮助员工做出更好的选择。

员工小李制定了一个目标，但是他不确定自己是否能够达成这个目标，能完成到什么程度，是否超出了自身的能力，自己需要找哪些搭档等。

于是，小李向管理者询问建议："我给自己制定了一个目标，但是我又不太确定这个目标是否适合自己，您能帮我看看吗？"

管理者抬头看了他一下，随后示意："先放在那儿吧。"

很快，管理者就忘诸脑后了，也没能对员工的目标进行最终确认。耽误了员工的计划安排和工作进度。

员工最终确定目标，需要管理者做好哪些工作呢？管理者在帮助员工进行目标教练的时候，需要让员工做好以下工作：

（1）写出你的目标清单

不同的员工会有不同的目标，或一个员工有很多目标。在这众多的目标之中，有的目标是不切合实际的，有的目标是远远超出自身能力的，还有的目标是不具价值的。但是刚开始的时候，员工不需要思考目标能否实现，只需要采取"头脑风暴"法，写出自己的目标清单。

管理者首先要让员工列出自己的目标清单。在这个目标清单上，管理者需要让员工明白自己真正想要的是什么，自己最想完成的事情是什么，自己内心迫切的渴望是什么等，回答完这些问题后，员工需要把自己心中的目标一一写下来，列出目标清单。

目标清单能更全面地让员工知道自己内心的渴望和期待是什么，自己最想成为什么。列好目标清单之后，员工可以按照轻重缓急对列出来的目标进行排序，初步了解哪个目标对自己意义最深远，哪个目标有着特殊的含义等。

（2）筛选目标

管理者在帮助员工确认最终目标之前，需要帮助员工筛选目标。筛选的原则如下：

一是筛选出不能实现的目标。当目标只是员工天马行空的想法而不能实现时，管理者要帮助员工剔除。

二是筛选出不符合员工发展要求的目标。例如，员工制定出来的目标不但不能帮助员工发展反而限制员工。这样的目标需要剔除。

三是筛除不符合员工意愿的目标。这样的目标是员工为了完成领导、同事或家人期待而制定出来的，并不是出于员工的想法，并不能充分地激发出员工的潜能，提供给员工源源不断的动力。这样的目标需要剔除。

目标筛选需要树立远瞻性思维，帮助员工从众多的目标中，选择最适合自己的。除此之外，为了能够确定最终目标最符合员工的期待和要求，管理者需要保持客观中立的态度帮助员工进行筛选。

在筛选目标的过程中，管理者需要提供给员工以支持性和引导性的帮助，但不能过分干扰员工做出决定。也就是说，即便从管理者的角度来看，员工最终选定的目标没有实现的可能性，如果员工执意要尝试，管理者还是要给员工一个尝试的机会。

（3）最终确认

员工列出目标清单和筛选完目标之后，接下来就要进行最终确认了。最终确认下来的目标是要能实现的，有一定的期限和可行的步骤，而且这一目标是基于员工内心真实渴望的，而不是被迫选择和确认。只有发自内心的目标才具有生命力和持久性，能够帮助员工不断取得进步，不断提升自我。

5.鼓励员工“说”出行动规划

鼓励员工说出行动规划，是帮助员工将目标进一步落实。“说”出行动规划中的这个“说”有多重含义，不仅仅是语言表达，还包括多种形式，如PPT、树状图、流程图、讲演、板书等。管理者要允许员工用自己的方式“说”出行动规划，让员工能够顺从自己的心意去表达，而不限制员工选取某一种方式。

（1）不局限员工的表达形式

不局限员工的表达形式是一种积极的、开放的、自由的鼓励，让员工按照自己的喜爱和特长来说出自己的“行动规划”，而不是让员工按照自己想要的方式呈现出他所“说”的。有的员工喜欢以手舞足蹈的行式表达，有的员工喜欢用画图、板书的形式来“说”，有的员工喜欢用演绎的方式来表达，还有的员工喜欢用PPT的形式来“说”。

管理者要允许这些“说”话方式，而不是一味地压制员工只能通过口头表达或PPT的方式，要按照员工喜欢的方式进行。管理者要做的就是鼓励员工表达出他想“说”的，而不要拘泥于管理者是否喜欢。

其实，实现目标就像攀登珠穆朗玛峰，如何拾级而上、登峰造顶，如何规划好路线，要由员工自己规划。一方面，员工可以绘声绘色地向管理者描述自己如何攀登“珠穆朗玛峰”，如何实现自己的目标；另一方面，管理者要做的就是最大化地尊重员工个人潜力的发挥，做员工的“指南针”，为员工指明方向，鼓励员工实现自我，而不是束手束脚地实现这个目标。

（2）肯定员工所“说”的

听取员工的想法和表达能够积极提高员工的记性，能够让员工感受到管理者的理解和尊重。管理者在鼓励员工用自己适应的方式描述出行动规划之后，管理者就要对员工的行动规划进行点评。

管理者在倾听员工表达的过程中，要肯定员工所“说”的。具体要做好如下鼓励工作：

首先，管理者要扮演支持者的角色，先积极肯定员工表达中可行的一面，“欲抑先扬”。点评时多正面表达员工行动规划中可行的部分，积极赞赏和肯定员工的进步和创新之处。

例如，在员工积极且富有激情地表达自己如何实现目标的行动规划之后，管理者要这样点评：“你刚才所说的……非常有建设性，说明你在考虑问题时非常全面。很好，你接着说下去……”等，先适当并正面点评员工的表达，让员工更有信心和勇气“说”完自己的计划。

对于需要补充或指正的内容，管理者也需要有技巧性地指出来，是进行补充而不是直接指责员工这部分规划不切合实际，打击员工的自信心和积极性。

举个例子，管理者在听到员工的行动规划之后，发现员工的某一部分规划欠缺依据，难以展开。

管理者不要直接告诉员工：“不对，你这部分规划不行，压根儿没有实现的可能”，而要询问员工：“你觉得你在实施这部分规划时，会遇到什么障碍，你打算怎么解决这个障碍呢？”

管理者以问代答，引导员工思考这部分规划是否存在不合理之处。让员工自己找答案，比直接指出错误，更能够让员工接受。

同时，管理者需要用真诚的眼神、友好的动作和表情等对员工进行鼓励，让员工尽情表达。

（3）共同商量

在管理者听过员工“说”出他的行动规划和自己提供给员工的补充之后，双方已经通达了彼此的想法和建议。这时，管理者就要鼓励员工共同商量，就刚才双方讨论的意见和建议，进行最终确定。这时，管理者要鼓励员工表达出自己的真实想法，给予员工足够的空间和尊重，让员工说出自己的感受，包括之前管理者对员工的点评和建议。因为目标是员工要去实现的，管理者要尊重员工的意愿，要以员工的感受为主。

目标是员工要去实现的，也就是说，如果管理者的建议是正确的，但是不符合员工的现实发展情况，管理者就需要尊重员工并给予员工对该建议做出调整的自由。同时，管理者要给予员工鼓励，不能因为员工的不接受和反驳就心生不悦，给员工“摆脸子”。

6.支持员工实现他“说”的

当员工“说”出自己的行动规划后，管理者这时需要做的就是，支持员工实现他“说”的。千里之行始于足下，员工的行动规划要付诸行动，目标才能得以实现，一切规划才有意义。

员工在“说”出他的行动规划后，他们不是简单描述规划，这些规划在他们脑海里是美好的蓝图，是他们实现目标的途径。所以，接下来关键的一步就是，通过自己的努力，实现目标。具体来说，管理者要做好以下工作来支持员工实现他“说”的：

（1）给员工提供必要的帮助

员工在实现目标的过程中，会遇到来自各方面的挑战和困难，有时这些困难会超出员工能力，这时管理者就需要为员工提供必要的扶持。这就像盖房子时缺少一块独特的材料，而员工又没有获取这块“独特材料”的能力，管理者要帮助员工获得这块材料。

管理者在提供给员工支持的时候，也是需要技巧的。如果员工遇到的问题是眼下急于解决的，管理者就要直接给员工“一条鱼”而不是“钓鱼的方法”。

管理者要急员工之所急，如果直接把问题抛给员工，不告诉员工解决问题的方法，员工就感受不到管理者的支持。但是“钓鱼的方法”也是十分重要的，管理者要在平时帮助员工养成思考问题的习惯，让员工在面对问题时能及时地想到解决问题的思路。

（2）适当的语言鼓励对方

语言鼓励是支持一个人的精神力量，往往能够给对方带去极大的动力。鼓励性的语言能够营造和谐、轻松的氛围，让员工感受到来自管理者内心的帮助，激发员工自主实现目标。

员工在实现其目标的过程中，可能因遭遇挫折，而一时情绪萎靡。这时管理者要积极地鼓励员工“你看你已经完成大半了”“你做得一天比一天好了”“这个地方你考虑得很仔细，所以后面不会出现这些问题了”等。

（3）给员工他想要的

管理者在给员工提供支持时，要给予员工想要的。如果管理者在给员工提供支持的时候，不是因为员工需要帮助，而是管理者认为员工需要帮助，那么这种帮助对员工来说并非有益，甚至会干扰员工的工作。所以说，支持员工，一定要给员工想要的帮助，避免让员工陷入更多的麻烦中。

举个例子，员工小王在实现目标的过程中，在解决报价问题上一直踟蹰不前而耽误了工作进度，管理者也意识到了这个情况："小王，你最近工作效率有些低啊，报价是客户最看重的要素，如果这个问题不解决，后面的很多工作都难以展开……"

小王面露难色，心中暗暗思忖："老板，您说的这些都是我知道的，可怎么解决这个问题我是不知道的，您给的不是我想要的，对我工作展开也没有任何帮助啊……"

（4）支持员工一心一意地完成目标

一个人在完成一个目标的时候，最重要的就是心无旁骛，就像在大海上扬帆远航一样，只有一心一意地朝着目标进发，才能快速地达到目的地。管理者支持员工就要提供给员工一个一心一意完成目标的环境。

支持员工一心一意地完成目标，也是非常重要的一部分。很多时候，员工在完成自己的目标时，管理者会给员工安排其他工作，这不仅会打乱员工的工作，还会因为这种干扰给员工带来负面情绪，让员工既无法完成管理者交代的其他工作，也无法将自己本职工作顺利完成。所以，给员工创造一个好的环境，也是支持员工最好的方式。

7.建立跟进和反馈机制

在实现目标的过程中，难免会遇到很多困难。建立跟进和反馈机制是必不可少的环节，一方面，管理者可以监督员工的任务完成情况，确保工作进度；另一方面，管理者可以及时帮助员工发现自身存在的问题，并帮助员工解决问题。

德勤公司的主要创始人 Josh Bersin 在一书中也写道："多年来一直存在的自上而下，逐层强力推动的评估方法，目前正在向以反馈为中心、快速反馈、基于优势进行反馈的方向转变。"对员工的工作进行跟进和反馈是团队管理中重要的一环。管理者如何跟员工建立跟进和反馈？

员工小王在完成目标的过程中，按照之前制订的工作计划，定期向管理者反馈结果。同时，管理者也积极地建立了跟进和反馈，对小王的每一次汇报都及时给予反馈："这段时间的计划做得不错，完成得也很顺利。整体是没有问题的，就是有几个小细节需要注意一下，比如在……"

小王也能根据管理者每次的反馈积极做出调整，从而使整个计划有条不紊地推进，获得了成功。

（1）建立及时沟通渠道

一般来说，要建立及时沟通渠道，包括非正式沟通渠道、向上沟通渠道和向下沟通渠道。具体来说：

①正式沟通是指会议或者面谈。

②非正式沟通是指管理者和员工能够随时随地地沟通，不需要提前报备或做好什么准备，如同行时、早上打招呼时、吃饭时等。

③向上沟通是指员工向管理者主动进行沟通。

这要求员工有跟管理者建立及时沟通的意识，在遇到困难和障碍时能够及时将自己的当前情况，告知管理者而不是自己在那儿“瞎琢磨”；而向下沟通是管理者主动找员工进行沟通。管理者不要总是等着员工主动沟通，也要适当地询问员工工作进展和是否需要帮助等。

（2）确定工作进度

在完成目标的过程中，管理者和员工都要明确工作进度，完成什么程度即是一个重要节点。当进度达到重要节点时，员工要及时告知管理者，并将已完成的工作展示给管理者，并总结好自己在完成这些工作时遇到的障碍和困惑等，是否遇到新的情况、计划是否要做出调整等，这些都需要如实反映给管理者。

因此，在计划开始之初，管理者就要明确知道员工目标完成的截止日期、目标进行到三分之一时的日期、目标进行到二分之一时的日期及其他重要节点；并就重要节点进行及时反馈，帮助员工做出改进。

管理者在反馈的时候，要避免反馈没有重点、缺乏反馈的习惯和意识、不掌握反馈技巧，而应该进行正面反馈、积极反馈、直击问题核心式的反馈。其中正面反馈是指管理者在反馈的时候，要带有支持性，不要打击员工的工作积极性和劳动成果。在反馈的时候，能够直面问题，懂得如何表达出内心的想法和帮助。

管理者在建立跟进和反馈时，需要注意四个原则：及时、准确、具体、落到实处。

首先，反馈要及时。反馈和跟进一定要及时，越及时效果越好，员工才能立刻从事务中得到教训和启示。

其次，反馈和跟进要准确。能够给员工工作带来促进作用，指导员工做出正确的调整。

再次，反馈要具体。管理者在对员工进行反馈的时候，要避免做出“你这块内容不够仔细”“这报告不严谨”等模棱两可的反馈，要向员工表达出具体的建议和意见，如“这个报告有两点不太合适，第一点……第二点……”。

最后，反馈要落到实处。这就是说，管理者在帮助员工的时候，反馈是能够解决实际问题的，有针对性地员工的需要提出切实可行的帮助。

第8章 行动教练：如何实现任务的有效达成

行动教练是教练员工有效达成任务，这就需要管理者一方面能够提出有行动力的号召，另一方面要做好员工的工作伙伴，肯定员工的努力和成就。

1.开诚布公，让员工放松并接受

在团队管理中，管理者不难发现，有时候员工并不能全身心投入到工作中，并且在工作的时候，很难做到放松，时刻让自己处于紧张的工作状态。而这些情况，往往会导致工作任务难以有效达成。

而在教练式管理中，管理者会坦诚地开放自己，让员工放松并接受，从而在一种极佳的状态下有效地达成任务。

员工小王在执行计划的过程中，遇到了重重障碍。他忐忑地去和管理者汇报工作情况："当时制订这个计划的时候，考虑得比较仔细。但是在实施的过程中，还是出现了很多问题，尤其在……"

管理者点头，面色平和，对小王汇报的这一情况表示理解："我也知道这次任务实施起来比较困难，你能做到这个程度确实很不错了。就是接下来你需要在受众分析这一块儿好好研究一下，我希望拿过来的方案是直接能用的，也方便后续工作开展……"

管理者真诚地表达了自己的感受和意图，坦率自如，没有一味地批评和抓住员工问题不放，从而让小王卸下了心理防备，顺利地解决了问题。

坦诚地开放自己是一种管理智慧。坦诚开放，意味着管理者在员工面前，是自在、无须隐藏的。管理者能够直接且安心地告诉员工自己真实的意图和感受。在这种氛围的影响下，员工也能感受到管理者的真诚，进而卸下心理包袱，放松自己紧张的情绪，全身心投入到工作中，更好地达成任务。

管理者如何做到坦诚地开放自己，让员工接受并放松呢?

（1）敞开自己的心扉

管理者如果想做到坦诚地开放自己，就需要向员工敞开自己的心扉。如果管理者总是防备着员工，就会大大地降低员工在工作中的积极性和主动性。当然，这里需要管理者注意的是，敞开自己的心扉，并不是说强行向员工灌输自己的想法和建议，这样反而让员工更加紧张，不能很好地达成任务。

管理者要真诚地敞开自己的心扉，首先要创建一种能够让员工放松的氛围。管理者在与员工交流展现真心的时刻，并非要选择早例会、周例会或其他会议时间，或一周几次、一次多长时间等，如果让员工觉得这种沟通是刻意安排、流于形式的，沟通也是无效的。

因此，管理者如果想对员工敞开心扉，就要找到合适的时间和环境，让谈话在轻松愉快的氛围中进行。

（2）做出一些必要的解释

不少管理者在和员工相处交流的时候，总喜欢用自己的思想去主导员工，喜欢站在高高的位置上指挥一切。在管理者看来，只有这样才能高效达成任务，可员工未必“埋单”。

尤其对于很多新生代员工而言，比起事情的结果，他们更关注“为什么要做这件事”“应该怎么去做这件事”“达成任务之后能获得什么利益”等。只有管理者讲清楚这些事情，他们才更有动力去完成工作。

因此，有些时候，管理者不能只做问题的传达者，还需要对一些员工不懂的问题，做出必要的解释，避免员工对任务存在误解，导致任务无法完成。

解释一方面能够表达出自己更多的想法和意愿，另一方面也能让员工

了解到关于你的更多想法和信息，更容易消除双方之间的误会。

举个例子，管理者对员工说："这个工作快去做，我下午就要。"虽然下达了命令，但这种表达方式显然会让员工感到巨大的压力。

相反，管理者如果换种表达方式，说："这个工作很重要，客户那边催得很急，我可能很快就需要，麻烦你尽快做一下，下午给我会有压力吗？"

做出一些必要的解释，一方面能够缓和严肃的气氛，另一方面也能表现出管理者的尊重与坦诚，真实地表达自己的意图，更容易消除员工抗拒的心理。

（3）有话直说，有话好好说

坦诚地开放自己，最简单最直接的方式就是：有话直说，有话好好说。管理者在与员工沟通的时候，需要直指问题核心、不拐弯抹角，也不要回避问题，否则会让员工内心忐忑不安。

"有话直说"是指管理者在表达的时候，需要跟员工坦白内心真实的想法；而"有话好好说"是指管理者说出自己想法的时候需要照顾员工的心理感受，要用员工能够接受的方式表达出来。

在实际的沟通过程中，有的管理者虽然能够对员工做到坦诚，但是这种坦诚却很容易成为员工的"负担"。如果管理者跟员工说话的方式过于直接、简单、粗暴，这样不仅会让员工当时处于尴尬的境地，也会让员工形成抵触心理，不愿意跟管理者继续沟通，进而导致工作目标无法顺利达成。所以，坦诚地开放自己，需要管理者有话直说，并且要好好说。

（4）与员工无缝对接

教练式管理者会积极建立与员工之间的平等关系，会坦诚地与员工交心。他们不会把员工放在自己的对立面，而是与员工站在同一条战线上，帮助员工解决问题，和员工一起攻克难关。而这些，都是管理者坦诚开放自己最好的体现。

2.价值提问：实施价值引领

价值会给人带来动力和希望，而这些又能积极地反馈到员工的工作中，让员工实现任务的有效达成。教练式管理者会积极地应用价值引领的方式，帮助员工实现发展，在工作上有所突破。

管理者如果想实施价值引领，就要做好价值提问。价值提问是指管理者在提问员工时，以价值为导向对员工进行提问，进而引发员工内心的美好希望与期待，让员工更有信心和动力达成任务。通常情况下，管理者可以采取以下几种方式，对员工进行价值提问。

（1）“工作对你的意义是什么？”

管理者在对员工进行价值提问时，首先要询问员工：“工作对你的意义是什么”“你当初选择这份工作的初心是什么”等，让员工再次深刻理解工作对他的意义和价值。

当员工意会到工作对他的价值之后，他会重新审视自己的内心和当下的工作状态，进而会觉察到内心力量，激励自我，从而在工作中做出改变。

（2）“你想成为一个什么样的人？”

管理者在对员工进行价值提问的时候，还需要积极地激发出员工的美好期待。管理者可以询问员工“你想成为一个什么样的人”“你想过上什么样的生活”等问题，促进员工进行深度思考。

员工会在思考中调动起自己的各种回忆，包括自己人生中第一个理想、学生时代对工作的期待和向往、参加工作时的憧憬等。一旦员工发现当下的工作状态与自己的期望有很大差距时，内心就会形成一种紧迫感。而这紧迫感会唤醒员工心中的梦想，促使员工在工作上做出新的改进和突破。

（3）“你知道你的价值吗？”

为了让员工知道自己的价值，让他们更有动力去工作，管理者在实施价值引领的时候，需要提问员工：“你知道你的价值吗？”

如果员工清楚自己的价值，管理者就需要充分肯定员工的价值，并赞赏员工对自身的清晰认知和对团队的付出；如果员工不清楚自己的价值，管理者就需要让员工清楚地知道自己的优势和价值所在，并帮助员工发挥出自己的价值。

（4）“你要如何去实现？”

当一个人发自内心想要去改变时，这种力量才是巨大的。所以，管理者就需要通过价值提问，促进员工自我驱动。管理者需要询问员工“你要如何去实现”这个问题。

这是非常重要的一个提问，一方面将以上三个问题化为了“行动”，另一方面管理者也可以切实了解到员工是否有将脑海中的价值转化为现实中价值的能力。

员工的价值与员工的心态、能力和创造力息息相关。所以，管理者在这个过程中，需要帮助员工创造良好的、能帮助员工行动的环境，做好行动教练。这就像一颗种子发芽长成参天大树一样，不仅需要土壤，还需要阳光、水分和空气等。

虽然管理者不可能代替员工长成参天大树，但是当管理者将“长成参天大树”这个价值输入给员工之后，需要对员工负责，既要让员工能够自主地发挥能动性，自由地生长，又要给员工提供友爱、平等、尊重的“空气”。同时，管理者还需要将员工的价值与企业的价值紧密地联合在一切，因为森林的成长和壮大离不开每一棵树的支持。

3.意愿提问：用问题强化意愿

在团队管理中，管理者发现员工在工作中总是不能尽心尽力，无法有效地达成任务。这时候，管理者就会理所当然地认为员工懒惰、不负责任，然后对员工进行一番严厉的指责。

但是，管理者会发现：员工在指责之后会改正行为，而一段时间后还是像之前一样懒惰，缺乏行动力。而这主要是因为严厉训斥是一种“治标不治本”的方式，要想让员工改变自己，行动起来，就需要通过提问的方式，强化员工的意愿。

意愿，通常指个人对事物所产生的看法或想法，并因此而产生的个人主观性思维。意就是心意、心的方向；愿就是愿望、动力；意愿就是最初的愿望，是想要达到某个特定的目标和方向，然后尽自己的能力去达成那个目标和方向。只有当员工有愿意去实现目标时，才会在工作中更有动力，能够高效地完成任务。

而意愿提问是指管理者通过提问关乎于员工意愿的问题，以此来提醒或提高员工内心的意愿，从而让员工在工作中自发地监督自己、完善自己，实现任务的有效达成。在教练式管理中，管理者领导力还体现为激发员工行动意愿的能力。

著名企业家马云曾说过："让别人跟着你走、跟着你一起拼命，然后一起完成某一目标，这都要解决别人的意愿问题。"也就是说，当你充分解决了员工的意愿问题，别人自然就会跟着你走、跟着你一起拼命、跟着你一起完成目标。

日本著名企业家稻盛和夫，他认为京瓷公司就是依靠强烈而持久的意愿创办起来的。

公司成立之初，花了300万日元在京都创办成功。公司成员由7名合伙人和20名初中毕业生组成。

当时，稻盛和夫和成员们一边喝酒一边鼓劲儿："过不了多久，我们的公司就会成为京西之京原町第一，接下来会成为中京区第一，然后成为京都第一、日本第一、全球第一。"

虽然在当时看来，稻盛和夫这个豪言在别人眼里似乎是天方夜谭，可当时他们真诚并坚定地相信他们会做到。事实证明，他们确实做到了。

稻盛和夫就是通过激发员工的意愿，唤醒了员工心中美好的想象。而这种美好的想象，给员工带来了巨大的能量和动力，让员工能够不断做出积极的努力，从而帮助企业做大做强。

（1）"你愿意做什么？"

没有意愿支撑的员工在完成任务时，很难做到卓越，因为他内心没有动力推动他将任务有效达成。如果让员工做他想做的，首先要充分地调动起员工的积极性，使员工在工作中有幸福感和动力；其次，能够极大地发挥员工在工作上的创造性，促使员工更有进展地完成任务；最后，让员工做他自己愿意做的事情，能够让员工对管理者和团队产生深厚的感情。员工会觉得管理者能够听到他的心声，而不仅仅把他当成自己雇来的员工。

因此，管理者在进行意愿提问的时候，就需要提问员工："你愿意做什么”“你想做什么呢”等。

例如员工告诉管理者：“我希望你做文案策划的工作。”这时管理者尊重员工的意愿，并且明确地告知员工：“既然你愿意做就放心去做吧，需要我提供帮助的，尽管跟我说。”

当员工听到管理者这样的鼓励，意愿会变得更加强烈，进而会更好地完成工作任务。

（2）“你希望能够获得什么？”

管理者如果想要强化员工的意愿，让员工愿意为团队付出最大的努力，管理者就需要创造让员工努力的条件。而要创造更好的条件，就需要清楚地知道员工希望获得什么。

因此，管理者可以提问员工：“你希望能够获得什么？”如果员工提出的条件是合适的，管理者要满足他。如果员工提出的条件不当，超出了团队的承受范围，管理者不要直接拒绝，而要说明理由，并帮助员工争取其他相关的条件。要避免因为拒绝，导致员工的意愿降低。

（3）“你为什么会选择加入我们？”

员工在选择一份工作时，背后有着多方面的原因，除了出于薪酬考虑之外，员工还会考虑自己在未来的发展空间。换句话说，员工选择留在团队继续工作可能是因为待遇，也可能被团队文化、气氛、格局等吸引。而要想激发员工的意愿，就需要了解员工“留下来”的真正原因。

因此，管理者也可以提问员工：“你为什么会选择加入我们？”通过提问可以帮助员工调动起各方面的情绪和回忆，进而让员工回归自己的初心，回忆起自己当初加入该团队的愿望和理想，达到强化员工意愿的目的。

4.有效反馈：分享核心信息

在团队管理中，有时候员工不能有效地完成工作，管理者也需要负一部分责任。因为管理者没有做好反馈的工作，使员工无法及时发现自己的问题，导致最终无法顺利达成任务；或管理者做到了对员工的反馈，但是这反馈只是简单的“你做得不对”“你需要改进”。这种不具体、不明确的反馈，显然是无效的。

因此，有效的反馈，一定要分享核心信息，帮助员工直面问题，解决问题。

核心信息是指能够帮助员工解决切实问题，一旦核心信息分享到位，问题自然迎刃而解，员工自然能够有效完成任务。管理者在进行有效反馈，帮助员工做好行动教练的时候，需要注意以下几点：

（1）精准地传达核心信息

管理者在对员工进行反馈的时候，需要提供给员工正确的信息，避免模棱两可的答案，例如“这个问题应该是……”“你觉得这个问题要怎么解决呢”等，而应该精准地表达出核心信息。

举个简单的生活中的例子。如果有人问你：“你最喜欢看哪部电影？”可能你会调动起自己的记忆去搜索，想了很长时间还是没法给出一个最合乎自己心意的答案。

相反，对方换一种方式问你：“你最喜欢什么类型的电影？”或“你最喜欢李安导演的哪部电影？”你可能很快就会给出答案。

在管理中同样如此，管理者在反馈时，需要确保反馈信息的准确性，在反馈的时候，能够分享核心信息，提出的问题是易于员工思考的，方便员工表达的，而不是反馈后让员工不知所应，从一个迷惑中进入到另一个迷惑中，无法快速得到启示。

除此之外，管理者在分享核心信息之后，还需要确认员工是否听懂了你的分享。此时管理者需要有技巧性地询问员工：“我讲明白了吗”“你对这块儿信息还有什么想了解的呢”等，而不是说“你懂我的意思了吗”“你听明白了吗”等。

（2）注意反馈对象

反馈对象的不同对反馈信息的接收程度也会有所不同。尤其在分享核心信息上，管理者可能说出一些“行话”或专业词汇，如果员工是自己工作领域的新人，那么员工极有可能无法深度理解其中的信息。

所以，管理者在反馈的时候，如果想提高反馈的效果，就要根据反馈对象，选择合适的表达方式，分享核心信息。

例如，如果反馈对象是老员工，管理者可以使用专业术语，但是如果面对新员工，管理者就要用对方能理解的方式进行反馈。

（3）反馈要有思路、具体、及时

什么是核心信息？核心信息是指这个信息是解决员工问题的突破口。反馈核心信息，不是为了直接告诉员工解决问题的方案，而是为了通过该核心信息引导员工自发思考，主动寻找解决问题的方法。所以，为了能更好地激发员工思考，在分享核心信息时，管理者需要做到三点：有思路、具体、及时。

核心信息的反馈要有思路，一层层地铺展开，让核心信息变得透明化，员工能清楚地了解管理者的意思。

反馈要具体，具体到员工的问题中去，不是泛泛而谈。

除此之外，反馈一定要及时。有时候等员工工作都完成了，管理者再进行集中反馈，这样不仅会加大员工的工作量，还会打扰员工的工作安排。

（4）啤酒式反馈

有效反馈需要遵循“beer”原则，这四个原则能够帮助管理者集中精力于核心信息上，进而进行有效反馈。

“beer”原则是指在反馈工作中要做到以下几点：描述具体的行为（behavior）、包括一个行为实例（event）、描述该行为如何达到并超越自己的要求（expectation）、描述该行为的相应结果（result）。

首先，反馈要集中员工的具体行为，例如员工在工作中犯错了，管理者在反馈的时候，应该描述具体行为：“设计报告原计划是星期三上交，你是在星期四上午才完成的。”

其次，管理者要根据关键问题举出一个行为实例，跟员工分享以往案例或相似案例的解决措施，让员工有个形象的概念。

再次，管理者还要明确让员工了解问题的解决方式，如何解决能让效果达到最佳。

最后，管理者还要明确告知员工这种行为产生的相应结果，使员工做出最好的改正，有效完成任务。

5.推动行动：提出号召与建议

不少员工在得到管理者的反馈之后，其实并没有多少动力付诸行动。因为管理者在反馈信息的时候，往往是指出问题，分享核心信息，但是清楚问题所在和真正去解决问题之间还存在一定差距。所以这时候管理者需要推动员工行动，要做好两方面工作。

一是提出号召。号召员工付出行动去解决问题，达成任务。

二是提出建议。管理者在对员工的问题提出反馈之后，还需要提出一定的建议，让员工找到解决问题的方向和未来工作的方向，进而促进员工更好地完成工作任务。

（1）提出号召，激励员工

管理者在号召员工做出行动时，首先要充分应用语言的魅力，说出一些激动人心的话，让员工愿意做出行动。一旦员工受到激励，他们就更愿意付出行动，去完成自己的工作任务。

例如，管理者可以这样号召员工："拿掉一切的限制，一脚将油门踩到底""只有行动才会让你快速成功""只有潜心去做，才能解决你的痛苦""时间过半，任务过半，我们还有多久才能达成目标呢"等。

管理者在号召员工的时候，表情、动作、眼神等都要具有感染力，而不只是生硬地喊口号。员工在接收到管理者的号召之后，如果能够真正地从中得到启发，行动起来，那么这个号召才是有效的。

（2）提出切实的建议，帮助员工

管理者在提出自己的反馈之后，还要尽可能地为员工提出自己的一些建议，让员工知道如何解决问题，从而更有动力展开行动。管理者在提出建议时，需要注意以下几点：

一是能直击问题核心，帮助员工开辟新思路。不少管理者在提建议时，往往说不到要点问题上，只是不痛不痒地提出自己的几点看法，反倒让员工更迷惑。正确的做法是管理者在提建议之前，需要先了解员工的工作情况和工作中出现的问题，然后和员工一起商讨解决问题的方案。在商讨方案的过程中，管理者需要听从员工的意见，而不是一味地让员工以自己的意见和建议为主。

二是建议要具体。如果建议太笼统或泛泛而谈，还是无法解决实际问题，推动员工做出行动。所以，管理者提出的建议要具体，能够给员工提出具体的思路，让员工明确地知道，下一步该做什么，如何做。

三是建议要准确。有不少管理者在面对员工的问题时，一时间并没有很好的建议，但又碍于面子，或者想尽快解决问题，管理者往往会随便给出一些自己的建议。而这些建议并不是准确的，对实际问题无推进作用，甚至会让问题变得更严重。

四是建议要及时。管理者如果想要快速推动员工行动，给出的建议要及时。首先，如果管理者给出的建议不及时，员工可能就会尝试着解决问题，也可能会在错误的道路上越走越远；其次，管理者如果不及时给出意见，就会让员工觉得这件事情还能放一放，自然就不会很快做出行动。

（3）双管齐下，支持员工

在教练式沟通中，管理者更倾向于与员工建立平和、平等、尊重的关系。号召和建议都是在尊重、帮助、支持的前提下给出的，因此更能够让员工感受到管理者的关怀与理解，他们自然会做出好的改变。

管理者的号召和建议对员工来说都是十分重要的。但也不是说管理者做到了两者就能够解决一切问题，让员工有效达成任务。其实在团队管理中，员工在工作上得到管理者的反馈和建议之后，一方面会有充足的动力去完成工作，但是另一方面又怕辜负管理者的期望。

因此，管理者在对员工提出号召和建议之后，还需要明确地向员工表明："我会在你背后支持你，如果你遇到什么困难和障碍，可以随时跟我沟通，咱们一起商量""如果有说得不对的地方，你要适度调整一下"等。

管理者提出自己的号召和建议要考虑员工的接受能力和情绪。任务的执行者是员工，一味地号召和建议，很容易让员工觉得是在"喊口号"，没有动力。所以，管理者要提出号召和建议，也要在行动上给予更多的支持，推动员工的行动。

6.监督支持：做员工的责任伙伴

责任伙伴是指管理者在员工完成工作时，不要抱着"事不关己高高挂起"的心态，而要对员工行为负有一部分责任，让员工知道自己背后有管理者的支持。在这个过程中，双方会形成一种友好互助的关系，而不仅仅是监督者和被监督者、管理者和员工的关系。

监督是一门学问，如果过于松散，会起不到监督的作用，无法督促员工行为发生更好的变化。相反，如果管理者过分监督员工，只会让员工产生不信任感和抗拒心理，感觉自己处处受到管理者的监视和桎梏。一旦员工情绪受到波动，就会影响工作效率和质量。

其实，在教练式沟通中，管理者提供的是一种支持性的监督。而有效的监督则是一种支持性的监督，管理者要做员工的责任伙伴，让员工放心、安心地有效达成任务。当监督带有支持性，不仅能够缓解员工被监督的压迫感和不信任感，还能让监督变成一种有效的、促进工作顺利完成的方式。

那么在实际管理中，管理者在帮助员工行动教练时，需要做好哪些准备呢？

（1）监督员工的工作进度

管理者在监督员工时，不必时时监督员工每天甚至每小时在做什么，过分监督只会让员工内心紧张，限制其能力和潜能的发挥。如果不监督员工的工作，管理者又不知道员工工作的进度、情况、是否偏离主题等，也会影响工作效率。

这就需要管理者在员工工作重要节点时，做好监督支持工作。例如员工工作进行到三分之一、四分之一时，管理者要及时对员工的工作进行监督，了解员工当前的工作情况，是否出现差错、是否出现拖延任务等现象。

如果存在以上现象，管理者就需要及时指正，帮助员工解决问题。在这里管理者需要注意的是，监督员工的工作进度需要与员工就任务的完成时间、进度和达到的标准形成一致的共识，否则员工会认为管理者是在“突袭检查”，很容易让员工产生抗拒心理。

（2）建立通畅的沟通渠道

管理者如果想要监督支持员工，做员工的责任伙伴，就要构建畅通的沟通渠道。建立沟通渠道，不仅可以让管理者及时地对员工进行监督，为员工提供支持性的工作，同时，员工也能进行自我监督。当自己需要管理者的帮助时，可以及时地与管理者建立沟通，从管理者那里得到支持。

例如，管理者可以建立团队交流微信群，也可以鼓励员工通过邮箱或者在线反映问题，沟通工作情况。

（3）会议监督

在团队管理中，频繁的会议时间会让员工感到疲累和厌倦。但对管理者来说，会议是一个了解员工当前工作情况和工作成果、发布和分配任务最好的方式。

首先，管理者要注意会议的次数，一周不宜超过两次。当周例会形成一个习惯后，管理者和员工之间会形成一种默契。此时的例会也会成为管理者和员工交流的一个渠道。

其次，管理者可以尽情地在例会时间了解员工当前的工作成果和接下来的工作安排，对员工工作进行一个阶段性的监督。在了解到员工情况后，管理者还需要给员工提供支持，询问员工："你在完成工作的过程中，有遇到什么困难吗""目前的工作有出现什么障碍吗""你有什么困惑吗""如果出现什么问题，可以及时来问我"等。

最后，员工也能通过例会积极向管理者反映自己的困惑和在工作中遇到的困难，进而得到管理者及时的指导，促使自己更有效地完成任务。

（4）分担员工责任

高效的管理者遇到问题时，首先会思考自身的问题，而不是第一时间问责员工。例如，管理者会问自己"如果员工没能及时完成工作，是不是由于我的监督和支持不到位，导致中间出现问题""如果员工与我沟通不畅，是不是平时我给了员工太多的压力，使员工不愿意在我面前吐露真实的心声"。

管理者如果希望自己的监督对员工来说是一种福利，就要积极营造轻松、自在的氛围，在监督的同时给员工提供帮助和指导，分担员工一部分工作。例如，管理者可以加入员工的项目中，一方面能够更好地监督员工在工作上的表现，另一方面也能给员工提供力所能及的帮助和支持。

7.肯定成就：认可员工的努力和成就

美国薪酬协会（WAW）给出的认可定义：承认或者特别关注员工的行动、付出、行为及绩效。从这个定义可以看出，对员工认可是全方位的，不仅包括员工的付出，还要对员工的行为、态度进行认可和嘉奖。

其实，管理者的认可对员工来说，就是对其工作成绩的最大肯定。在管理中，管理者常常忽视认可的力量，他们总会在潜意识中觉得，员工做好工作是本职，是理所应当的事情。甚至会认为褒奖员工的表现，会让员工滋生骄傲的心理。长此以往，当员工的努力和付出被忽视，得不到肯定时，员工的行动力就会大大降低。

在团队管理中，管理者的肯定对员工来说是不可或缺的一部分，管理者要认可员工的努力和成就，将员工的付出看在眼里，充分理解并尊重员工的努力成果，让员工获得生理上和心理上的满足。管理者如果能够及时地认可员工的努力和成就，将会极大地促进员工在工作中的表现力，激发员工的潜能，让员工更有动力地达成工作任务。管理者在肯定员工成就时，需要做好以下两大方面工作。

（1）语言肯定

语言鼓励能够直接地表达对员工的称赞之情。因此，管理者可以用积极的语言来认可员工的努力和成就。例如，当员工在工作中取得进展或突破性的成就之后，管理者可以这样表达：“你这次的工作表现真的太突出了，帮助我们团队获得了很重要的客户”“因为你的贡献，所以我们这次才能又快又好地达成目标”“你真的太棒了”等。

语言鼓励一方面能够表现你对员工的赞赏和感谢，另一方面能够正面强化员工的积极表现。但需要管理者注意的是，在使用语言认可时要注意尺度。

首先，管理者在说出认可话语的时候，态度要真诚。如果夸赞过于“浮夸”或“不走心”，只会让员工觉得虚假。

其次，管理者在使用语言肯定时，要适度。并不是认可越多越好，“过犹不及”的道理同样在认可时会生效。认可如果太少，就不能让员工信服你说的话，相反认可太多，也会极大地降低认可本身的价值。

最后，管理者在认可的时候，不能夸大员工的表现，评价一旦失真，只会起反作用。例如，管理者在夸奖一位员工的表现时，言过其实，此时员工内心就会想：“这说的是我吗？不会是管理者在讽刺我吧，真倒霉，我又不知道自己做错了什么，又惹到他了……”

此时，管理者的这份虚假的认可，不仅不能让员工产生动力，反而会激起员工的抵触和厌恶。

（2）物质奖赏

管理者在肯定员工的努力和成就时，不仅需要语言肯定，还需要使用物质奖赏。物质奖赏一方面包括奖品奖励，另一方面包括金钱奖励。奖品奖励包括奖杯、奖章等，能够激起员工的荣誉感和自信心。尤其是奖励某一特定行为和成就的奖杯，能够给员工带来极大的满足感。

有一个有意思的小案例。有一次，一位工程师急匆匆地冲进经理的办公室，提出了一个困扰研发团队很久的解决方案。当时经理十分激动，想着给员工一些奖励肯定该工程师的成就，但是一时间没能找到合适的奖品。

于是经理灵机一动，将为自己准备的午餐中的香蕉递给了这位工程师，并说道："这个给你！你做得真好！"

一个临时起意的小行为后来变成了公司里面非常受大家认可的奖励方式。最后公司为此专门设立了"金香蕉奖"，奖品是由香蕉演化而来的"金香蕉"形别针，并作为公司的最高荣誉奖赏之一，专门用来奖励具有创造性和发明才能的员工。

除了奖品激励之外，管理者还可以用薪酬和福利激励来肯定员工的成就。对于大部分员工来说，薪酬和福利的奖励更实在，更激励人心。管理者可以通过奖励奖金、增加工资、提高待遇等现金奖金对员工表示出赞赏。

当然，管理者在实行物质奖励的时候，也需要注意方式方法。首先，物质奖励需要及时。物质奖励肯定越及时越有效，一旦过了时间，会使这份认可在员工心中大打折扣。

其次，奖励要根据员工的个人喜好。根据马斯洛需求层次理论，我们知道人有尊重需求、自我实现需求等，管理者要充分依据员工的不同需求，为员工定制不同的肯定方式。

最后，物质奖励要有一定的标准。举个例子，不少管理者在肯定员工的成就时，会说："你这次表现真的太棒了，我会奖励给你丰厚的奖金。"显然，最终奖励多少还是由管理者决定。而一旦奖赏低于员工的期待，奖赏就会大打折扣。员工并不认为自己获得了同等的回报，进而会将这种负面情绪带入工作中，导致无法有效达成任务。

学会沟通　赋能员工

成就组织　共同受益